近畿圏版⑫ **類似問題で効率のよい志望校対策を！**

大阪教育大学附属
池田小学校

ステップアップ問題集

2021
年度版

志望校の出題傾向・意図をおさえた豊富な類似問題で合格後の学習にも役立つ力が身に付く！！

●すぐに使える **プリント式！**　●全問 **アドバイス付！**

必ずおさえたい問題集

大阪教育大学附属池田小学校

お話の記憶	お話の記憶問題集 中級編・上級編
推　理	Ｊｒ・ウォッチャー 31「推理思考」
図　形	Ｊｒ・ウォッチャー 10「四方からの観察」
図　形	Ｊｒ・ウォッチャー 46「回転図形」
常　識	Ｊｒ・ウォッチャー 27「理科」・34「季節」・55「理科②」

全30問収録！

日本学習図書　ニチガク

こんなこと…ありませんか？

「ニチガクの問題集…買ったはいいけど、、、
この問題の教え方がわからない（汗）」

メールでお悩み解決します！

- ☆ ホームページ内の専用フォームで必要事項を入力！
- ☆ 教え方に困っているニチガクの問題を教えてください！
- ☆ 確認終了後、具体的な指導方法をメールでご返信！
- ☆ 全国どこでも！ スマホでも！ ぜひご活用ください！

<質問回答例>

アドバイス

推理分野の学習では、後の学習に活きる思考力を養うことができます。ご家庭で指導する場合にも、テクニックにたよらず、保護者の方が先に基本的な考え方を理解した上で、お子さまによく考えさせることを大切にして指導してください。

Q.「お子さまによく考えさせることを大切にして指導してください」と学習のポイントにありますが、考える習慣をつけさせるためには、具体的にどのようにしたらいいですか？

A. お子さまが考える時間を持てるように、質問の仕方と、タイミングに工夫をしてみてください。
たとえば、「答えはあっているけど、どうやってその答えを見つけたの」「答えは○○なんだけど、どうしてだと思う？」という感じです。
はじめのうちは、「必ず 30 秒考えてから手を動かす」などのルールを決める方法もおすすめです。

まずは、ホームページへアクセスしてください!!

https://www.nichigaku.jp　日本学習図書　検索

目指せ！合格！家庭学習ガイド 大阪教育大学附属池田小学校

入試情報

応 募 者 数：265 名
出 題 形 式：ペーパー、ノンペーパー形式
面　　　接：志願者・保護者面接
出 題 領 域：行動観察、制作、運動、音楽、口頭試問、
ペーパーテスト（お話の記憶・推理・図形・言語・常識　など）

入試対策

現在、試験前後の抽選は行なわれていません。試験内容は、ペーパーテスト、口頭試問、制作、行動観察、運動、面接です。ペーパーテストは、問題のバリエーションが豊富で、応用問題と言える問題も中には見られるようです。思考力はもちろんですが、集中力、指示を理解する「聞く力」も必要です。また、問題自体の内容は基礎でも、変わった出題形式の問題も毎年出題されます。キャラクターが次々と問題に答えていくという問題などはその好例でしょう。ただ、あくまでも基礎問題なので、その意図さえわかれば答えに困ることはあまりないでしょう。対策としては基礎を反復学習しておけば充分です。

●マナーや生活常識を身に付けるために、日常生活でも「なぜいけないのか」「なぜそうするのか」ということを、その場できちんと説明しましょう。当校の「常識」分野は理由まで聞かれるので、自分の言葉できちんと理由も言えるようにしておきましょう。
●制作の課題で、今年は粘土を扱う作業が加わりました。
●当校の行動観察は、例年、チームでゲームや競争をする形式が多く見られます。チーム内の協調性と積極性を示せるように行動しましょう。

必要とされる力 ベスト6

チャートで早わかり！

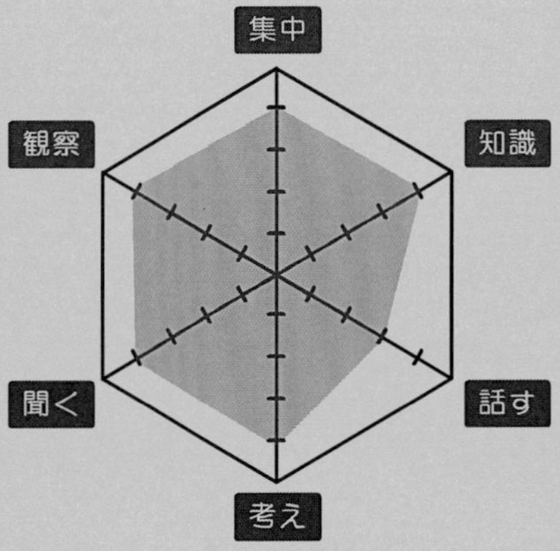

特に求められた力を集計し、左図にまとめました。
下図は各アイコンの説明です。

	アイコンの説明
集中	集　中　力…他のことに惑わされず１つのことに注意を向けて取り組む力
観察	観　察　力…２つのものの違いや詳細な部分に気付く力
聞く	聞　く　力…複雑な指示や長いお話を理解する力
考え	考える力…「～だから～だ」という思考ができる力
話す	話　す　力…自分の意志を伝え、人の意図を理解する力
語彙	語　彙　力…年齢相応の言葉を知っている力
創造	創　造　力…表現する力
公衆	公衆道徳…公衆場面におけるマナー、生活知識
知識	知　　　識…動植物、季節、一般常識の知識
協調	協　調　性…集団行動の中で、積極的かつ他人を思いやって行動する力

※各「力」の詳しい学習方法などは、ホームページに掲載してありますのでご覧ください。http://www.nichigaku.jp

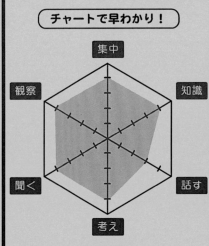

目指せ！合格！

家庭学習ガイド
大阪教育大学附属池田小学校

入試情報

応募者数：265名
出題形式：ペーパー、ノンペーパー形式
面　　接：志願者・保護者面接
出題領域：行動観察、制作、運動、音楽、口頭試問、
ペーパーテスト（お話の記憶・推理・図形・言語・常識　など）

入試対策

現在、試験前後の抽選は行なわれていません。試験内容は、ペーパーテスト、口頭試問、制作、行動観察、運動、面接です。ペーパーテストは、問題のバリエーションが豊富で、応用問題と言える問題も中には見られるようです。思考力はもちろんですが、集中力、指示を理解する「聞く力」も必要です。また、問題自体の内容は基礎でも、変わった出題形式の問題も毎年出題されます。キャラクターが次々と問題に答えていくという問題などはその好例でしょう。ただ、あくまでも基礎問題なので、その意図さえわかれば答えに困ることはあまりないでしょう。対策としては基礎を反復学習しておけば充分です。

- ●マナーや生活常識を身に付けるために、日常生活でも「なぜいけないのか」「なぜそうするのか」ということを、その場できちんと説明しましょう。当校の「常識」分野は理由まで聞かれるので、自分の言葉できちんと理由も言えるようにしておきましょう。
- ●制作の課題で、今年は粘土を扱う作業が加わりました。
- ●当校の行動観察は、例年、チームでゲームや競争をする形式が多く見られます。チーム内の協調性と積極性を示せるように行動しましょう。

必要とされる力　ベスト6

チャートで早わかり！

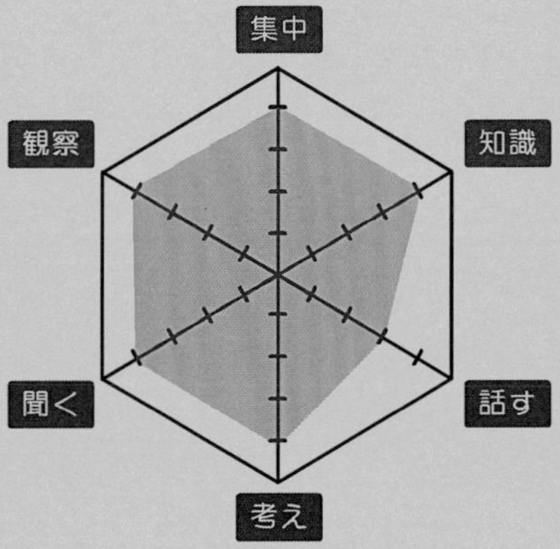

特に求められた力を集計し、左図にまとめました。
下図は各アイコンの説明です。

	アイコンの説明
集中	集中力…他のことに惑わされず1つのことに注意を向けて取り組む力
観察	観察力…2つのものの違いや詳細な部分に気付く力
聞く	聞く力…複雑な指示や長いお話を理解する力
考え	考える力…「～だから～だ」という思考ができる力
話す	話す力…自分の意志を伝え、人の意図を理解する力
語彙	語彙力…年齢相応の言葉を知っている力
創造	創造力…表現する力
公衆	公衆道徳…公衆場面におけるマナー、生活知識
知識	知識…動植物、季節、一般常識の知識
協調	協調性…集団行動の中で、積極的かつ他人を思いやって行動する力

※各「力」の詳しい学習方法などは、ホームページに掲載してありますのでご覧ください。http://www.nichigaku.jp

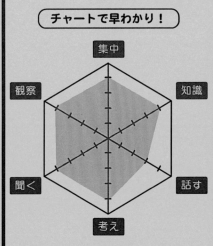

「大阪教育大学附属池田小学校」について

〈合格のためのアドバイス〉

当校は我が国独自の学校安全のスタンダードとなる「セーフティー　プロモーション　スクール」としてさまざまな学校安全を発信しています。これは、「学校の安全推進のために、子どもたち、教職員、保護者、さらに地域の人々が一体となって、継続的・組織的な取り組みが展開されている学校」ということで、教育目標としても同じ趣旨のことが挙げられています。具体的には、①人間性に満ちた情操豊かな子ども　②自主的・創造的に考え、問題を解決し、表現・行動する子ども　③自他を尊重し、協力しあう子ども　④真理を追究し、社会の向上に努める子ども　⑤健康で、意志強くやりぬく子ども　という目標が定められています。これは、当校の入学調査の観点にもなっており、出題にも表れています。

上記のことは、常識やマナーに関する問題が必ず出題されるということからもうかがえます。それに加え、「自分で考え、解決する」という意識を観るための問題が多く出されています。これらの問題の対策として、過去に出題された問題とその解説を、よく理解して、「考え方・解き方」を身に付けるようにしましょう。

出題分野は**お話の記憶・推理・図形・言語・常識**と幅広く、日常生活の中で経験できることがテーマになった問題が多く出題されています。ふだんから、お手伝い、お買い物などを通して得た知識や、実物や図鑑を通して得た知識を活用できるようにしてください。

入学調査の日程は、考査日前に志願者・保護者の**面接**があります。まず志願者の面接が行われ、その途中で保護者が入室するという形です。考査日は女子が午前、男子が午後に分かれて、**ペーパーテスト**、**行動観察**、**制作**、**運動**、**音楽**が実施されました。

行動観察では、例年と同様に、チーム対抗でゲームが行われました。そこではコミュニケーションや協調性が主な観点となっています。日常生活におけるお子さまの様子が表れやすい考査なので、ふだんからふざけずに楽しむことができるように指導しておくとよいでしょう。

音楽は、サーキット運動の中の課題として取り上げられました。運動しながら歌をうたうという作業になるので、あらかじめ練習しておきましょう。

〈2020年度選考〉

◆面接（保護者・志願者／20分）
　＊お子さまの面接内容の聞き取り、およびその感想を保護者に話す面接。
◆ペーパーテスト（40分／10枚程）
◆制作（20分）
◆運動（20分）
◆行動観察（集団・40分）

◇過去の応募状況

2020年度	265名
2019年度	285名
2018年度	262名

入試のチェックポイント

◇生まれ月の考慮…「なし」

〈本書掲載分以外の過去問題〉

◆常識：鉛筆を正しく持ちましょう。[2016年度]
◆常識：「ジャックと豆の木」のお話に出てくる物を順番に線で結ぶ。[2015年度]
◆常識：年賀はがきに描いてある動物を選ぶ。[2014年度]
◆観察：リズムに合わせて「グーチョキパー」と指を動かす。好きな歌を歌う。
[2013年度]

大阪教育大学附属
池田小学校

ステップアップ問題集

〈はじめに〉

現在、少子化が叫ばれているにもかかわらず、国立小学校には一定の応募者があります。このような状況では、ただやみくもに練習をするだけでは合格は見えてきません。志望校の過去における出題傾向を研究・把握した上で、練習を進めていくこと、その上で試験までに志願者の不得意分野を克服していくことが必須条件です。徹底対策問題集では、各校の最新データを考慮し、実際に出題された試験問題の中から出題頻度の高いものを厳選し、その類似問題を掲載しております。志望校の出題傾向把握・不得意分野克服のための、より効果的な学習教材としてご活用ください。

また、志望校の選択には弊社発行の「2021年度版　近畿圏・愛知県　国立・私立小学校　進学のてびき」を是非参考になさってください。

〈本書ご使用方法〉

◆出題者は出題前に一度問題を通読し、出題内容などを把握した上で、〈 準　備 〉の欄に表記してあるものを用意してから始めてください。

◆お子さまに絵の頁を渡し、出題者が問題文を読む形式で出題してください。問題を読んだ後で、絵の頁を渡す問題もありますのでご注意ください。

◆「分野」は、問題の分野を表しています。弊社の問題集の分野に対応していますので、復習の際の目安にお役立てください。

◆問題番号右端のアイコンは、各問題に必要な力を表しています。詳しくは、アドバイス頁（ピンク色の１枚目下部）をご覧ください。

◆一部の描画や工作、常識等の問題については、解答が省略されているものがあります。お子さまの答えが成り立つか、出題者が各自でご判断ください。

◆〈 時　間 〉につきましては、目安とお考えください。

◆学習のポイントは、指導の際にご参考にしてください。

◆【おすすめ問題集】は各問題の基礎力養成や実力アップにご使用ください。

〈本書ご使用にあたっての注意点〉

◆文中に **この問題の絵は縦に使用してください。** と記載してある問題の絵は縦にしてお使いください。

◆〈 準　備 〉の欄で、クレヨンと表記してある場合は12色程度のものを、画用紙と表記してある場合は白い画用紙をご用意ください。

◆文中に **この問題の絵はありません。** と記載してある問題には絵の頁がありませんので、ご注意ください。なお、問題の絵の右上にある番号が連番でなくても、中央下の頁番号が連番の場合は落丁ではありません。
　下記一覧表の●がついている問題は絵がありません。

問題１	問題２	問題３	問題４	問題５	問題６	問題７	問題８	問題９	問題10
問題11	問題12	問題13	問題14	問題15	問題16	問題17	問題18	問題19	問題20
問題21	問題22	問題23	問題24	問題25	問題26	問題27	問題28	問題29	問題30

(得) 先輩ママたちの声！

◆実際に受験をされた方からのアドバイスです。
是非参考にしてください。

大阪教育大学附属池田小学校

・今年も常識分野の問題が多く出題されたようです。日頃から実物に触れたり、目にする機会を作ったほうがいいと思います。

・行動観察はチームで役割を分担してゲームを行う課題だったようです。お友だちと遊ぶ際には、積極的に、仲良くできるとよいと思います。

・面接は、３人１グループで行われます。ほかの子どもの意見に流されず、自分の考えをはっきり言うためには、日頃の生活や会話の中で、子どもが自信を持って発言できるとよいと思います。

・面接では、家庭によって質問が違ったようです。多種多様な質問に対応できるよう、ふだんから家庭の教育方針や子育ての考え方をしっかりと持った上で、面接に臨むことが大切だと思いました。

・入学試験では、日頃の生活を観られるような問題が出題されたようです。付け焼き刃ではなく、１つひとつの行動の意味を理解させなくてはいけないと思いました。

・ペーパーテストでは、時間制限があり、グループによっては短かったようです。「はい」「始め」の合図で、クーピーペンを持って、「やめ」の合図でクーピーペンを置いたそうです。

・面接は、まず子どもだけが面接室に移動します。子どもの面接が15分程で終わると、再び先生が呼びに来られ、保護者も面接室に移動します。入室すると、面接の内容を子どもが話しに来てくれました。そして、それに対する感想を先生にお話しました。

・ペーパーは、広範囲に出題されますから、それぞれ分野の問題に対応できる力が必要です。とくに指示をきちんと理解することは重要だと感じました。

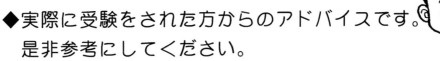

◎学習効果を上げるため、前掲の「家庭学習ガイド」及び「合格のためのアドバイス」をお読みになり、各校が実施する入試の出題傾向を、良く把握した上で問題に取り組んでください。
※冒頭の「本書ご使用方法」「ご使用にあたっての注意点」も併せてご覧ください。

問題１　分野：お話の記憶

集中　聞く

〈準備〉　青色のサインペン

〈問題〉　**この問題の絵は縦に使用してください。**
（問題１-1の絵は机の上に置いておく。絵を見ながら話を聞く。）
これからするお話を聞いて、後の質問に答えてください。
太郎君はお母さんと妹のなおちゃんいっしょにおばあさんの住んでいる町に車で遊びに行きました。ホテルに行く前に太郎君たちはスーパーマーケットのとなりにある公園によりました。公園を見てお母さんが「お母さんが子どもの頃には、この公園は別の場所にあって遊ぶ道具も違っていたのよ」と教えてくれました。太郎君はブランコで、妹はすべり台で遊びました。ホテルに着くとホテルの人が泊まるお部屋に案内してくれました。太郎君たちが泊まるお部屋は４階建てのホテルの１番上の階だったので、窓の外を見るときれいな海が見えました。次の日、ホテルの近くにあるおばあさんの家に行きました。お昼になって妹がお昼寝をしている時にお母さんが「太郎、お腹がすいたでしょ。昨日行った公園の隣にスーパーマーケットがあったでしょ。その道をはさんだ角にパン屋さんがあるからパンを買ってきてちょうだい」と太郎君にお使いを頼みました。太郎君はおばあさんといっしょにパン屋さんに行きました。太郎君がお店に入っていくと１人のお客さんがサンドイッチを買っていました。「このお店は昔からあるのよ」とおばあさんが言いました。「太郎ちゃんの好きなパンを選んで良いわよ。それからお母さんとなおちゃんの分も選んであげてね」。そこで、太郎君は大好きなメロンパンを取りました。お母さんにはクリームパン、なおちゃんにはハンバーガーを買いました。帰り道、太郎君はおばあさんに「きのう公園で遊んでいる時に、昔公園は今と違う場所にあったってお母さんが言ってたけどほかにもいろいろ変わったところがあるの？」と聞きました。おばあさんは「そうね、昔はスーパーマーケットが建っているところに八百屋さんと魚屋さんがあったのよ。それから、昨日太郎ちゃんたちが泊まったホテルの場所には釣具屋さんがあって、釣り竿を売っていたのよ。魚釣りをする人がよくお店に来ていたわね」と言って、家に帰ってから今の写真と昔の写真を見せてくれました。昔の公園にはブランコとすべり台とお砂場の３つがありましたが、今の公園には、その３つとジャングルジムとシーソーと鉄棒までありました。昔の公園の写真を見ながら、「お母さんは子どもの頃この公園で遊んでいたんだね」と太郎君が言うと、おばあさんも懐かしそうにニコニコと笑っていました。しばらく写真を見ているとなおちゃんが目を覚ましたので、皆でパンを食べました。太郎君たちはその夜はおばあさんの家に泊まって、次の日の朝家に帰りました。

（お話が終わったら問題１－１を伏せ、問題１－２の問題の絵を渡す）
①太郎君たちはおばあさんの家にどんな乗りものに乗って行きましたか。その乗りものに○をつけてください。
②太郎君といっしょにおばあさんの家に行った人に○をつけてください。
③太郎君たちが１番はじめに行った場所に○をつけてください。
④昔の公園にあった物に○をつけてください。
（問題１－３の絵を渡す）
⑤太郎君たちが泊まったホテルの窓から見えたものに○をつけてください。
⑥太郎君がなおちゃんに買ったパンに○をつけてください。
⑦スーパーマーケットが建つ前にその場所にあったお店に○をつけてください。
⑧ホテルが建つ前に、その場所にあったお店に○をつけてください。

〈時間〉　各20秒

〈解答〉　①車　②右から２人目（お母さん）、右端（なおちゃん）　③公園
④すべり台、砂場、ブランコ　⑤海　⑥ハンバーガー
⑦魚屋さん、八百屋さん　⑧釣具屋さん

学習のポイント

当校のお話の記憶の問題は、1000字以上の長さのお話とたくさんの設問数が特徴です。何となく聞いていてはとても覚えられるものではないので、ある程度の対策は必要になってくるでしょう。聞き方のコツは、①お話の流れ（展開）を大まかに把握する　②「誰が」「何を」「～した」といった質問されそうなポイントに注意する　③「数」「色」「大きさ」を含めて、お話に登場するものを細かくイメージする、といったところになります。もちろん、いきなりできるようにはならないので、まずは①の「お話の流れを大まかに把握する」ことに重点を置き、お話を聞くことに慣れていってください。できているかどうかは、お話を聞かせた後に「どんなお話だった？」と質問して確かめましょう。その時、あらすじを保護者の方がわかるように話せるようになれば、お話の流れだけなく、質問されそうなポイントも覚えているということになります。

【おすすめ問題集】
１話５分の読み聞かせお話集①②、お話の記憶 初級編・中級編・上級編、
Ｊｒ・ウォッチャー19「お話の記憶」

問題2　分野：図形（点・線図形）

考え　集中

〈準備〉　青色のサインペン

〈問題〉　**この問題の絵は縦に使用してください。**

（問題２の絵を渡して）

１番上の段を見てください。左の四角に描いてあるお手本の点を縦や横につないだ時と、斜めにつないだ時では、線の長さが少し違いますね。それでは、お手本と同じ長さの線を同じ数だけ使って☆から☆まで点を結ぶとすると、お手本以外にどのようなつなぎ方があるでしょうか。

（問題２の①の解答例を参照してください）

例えば、このように同じ長さの線を同じ本数だけ使って☆から☆までを結ぶことができますね。

下の段も同じように答えてください。もしまちがえたら、２本線では消さずにその隣の２つの四角にかき直してください。

〈時間〉　10分

〈解答例〉　下図参照（別の解答もあります）

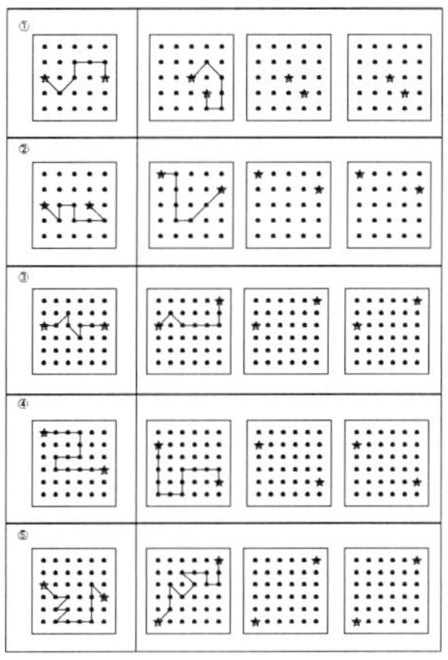

学習のポイント

実際の解き方は、①点を縦に結ぶ線・横に結ぶ線と斜めの線を区別して数える　②それを意識しながら、☆と☆の間を結ぶ　③線の数が同じかどうか確認する、ということになるでしょう。ただし、こうした問題を解くことに慣れているお子さまなら、②③の作業が同時に行える（確かめながら線を引く）かもしれないので、多少は早く答えられるかもしれません。よく目にする単純に点と点の間に線を引くという問題ではない、思考力を要求するかなり難しい問題です。当校ではこのように、「考えさせる問題」が出題されることが時折あります。そうした問題が出た時に慌てないように、「なぜそうなのか」「どのように考えるか」ということは、どのような問題を解く時にも意識しておいてください。応用問題に対する対応が速くなります。

【おすすめ問題集】

Ｊｒ・ウォッチャー47「座標の移動」

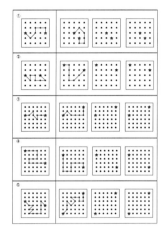

問題３　分野：言語

考え　語彙

〈準　備〉　赤色フェルトペン

〈問　題〉　右の絵を使って、クロスワードをします。クロスワードで使わない言葉の絵すべてに○をつけてください。下の２つも同じようにしてしてやりましょう。同じ絵は１度しか使ってはいけません。

〈時　間〉　２分

〈解　答〉　下図参照（文字は参考）

学習のポイント

基本的には「文字は読めない」ということになっているので、クロスワードはこういった、「言葉の音」を使った出題になります。小学校入試では滅多に見かけませんが、クロスワードを小学校入試用にアレンジするとこのような形になると考えてください。詳しく知る必要はないので、こういう出題があるということを知っておけば充分です。もちろん言語分野の問題ですから、観点は語彙の豊かさと知識です。こうした問題に数多く答えることも１つの学習ですが、ふだんの生活の中で「あれは～」と保護者の方が教え、お子さまが「今日は～というものを～した」と幼稚園で今日あった出来事を話すのも立派な学習なのです。

【おすすめ問題集】

Ｊｒ・ウォッチャー17「言葉の音遊び」、18「いろいろな言葉」

家庭学習のコツ①　「先輩ママのアドバイス」を読みましょう！

本書冒頭の「先輩ママのアドバイス」には、実際に試験を経験された方の貴重なお話が掲載されています。対策学習への取り組み方だけでなく、試験場の雰囲気や会場での過ごし方、お子さまの健康管理、家庭学習の方法など、さまざまなことがらについてのアドバイスもあります。先輩ママの体験談、アドバイスに学び、ステップアップを図りましょう！

問題4　分野：推理（総合）　集中　考え

〈準 備〉　鉛筆

〈問 題〉　**この問題の絵は縦に使用してください。**

①（問題4－1の絵を渡して）
上の四角を見てください。水の入った水槽にひもを絵のように入れました。ひもを伸ばした時、濡れたところは黒く見えます。右の3つの中から正しいものを選んで○をつけましょう。

②下の四角も同じように○をつけてください。

③（問題4－2の絵を渡して）
上の四角を見てください。板の上にある、白いビー玉と黒いビー玉を矢印の方に転がします。ビー玉は板の端まで転がると下に落ちます。（板の中央に三角形の支点がある板を指して）これはシーソーになっているので、ビー玉が落ちた方に傾きます。ほかの板はとめてあるので動きません。それぞれビー玉はどのバケツに入りますか。白いビー玉が入るバケツの中に○を、黒いビー玉が入るバケツの中に●を書いてください。

④下の四角を見てください。左側の絵のように動物たちが観覧車に乗っています。矢印のようにまわると、右側の絵のようになりました。☆のところにくる動物はどれですか。下の四角の中から選んで○をつけてください。

〈時 間〉　①②各5秒程度　③30秒　④10秒

〈解 答〉　①～④下図参照

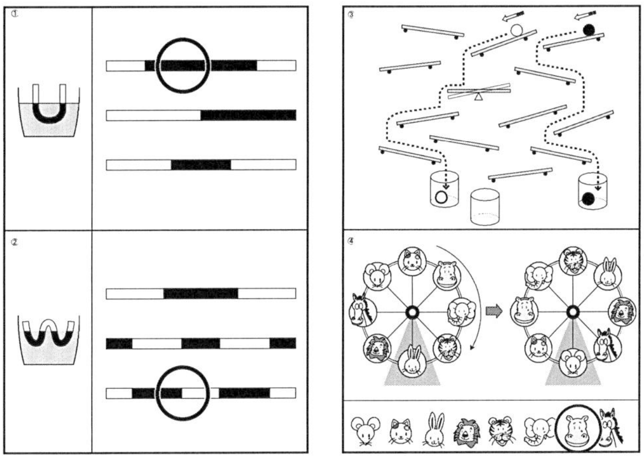

家庭学習のコツ②　「家庭学習ガイド」はママの味方！

問題演習を始める前に、試験の概要をまとめた「家庭学習ガイド（本書カラーページに掲載）」を読みましょう。「家庭学習ガイド」には、応募者数や試験科目の詳細のほか、学習を進める上で重要な情報が掲載されています。それらの情報で入試の傾向をつかみ、学習の方針を立ててから、対策学習を始めてください。

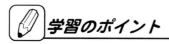

学習のポイント

推理分野の総合問題です。①～③はそのものの経験ではないにしても似たような経験があれば推測できるはず、という趣旨で出題されています。学校が知りたいのは年齢なりの生活体験のあるなしなので、答えられなかった場合は「わからなかった」ではなくて、「生活体験が足りなかった」と、考えましょう。お使いでもお手伝いでもかまいません。保護者の方はお子さまに体験の機会を与えるようにしてください。④はそれまでと関係のない「観覧車」の問題です。分類すれば推理の「系列」の問題ということになりますが、「このゴンドラにこの動物が乗って、次に…」と繰り返し当てはめていけば答えは出るので、難しく考えることはありません。混乱しないようにだけ注意してください。

【おすすめ問題集】

Ｊｒ・ウォッチャー31「推理思考」、50「観覧車」

問題5　分野：図形（構成）

集中　考え　観察

〈準備〉　鉛筆

〈問題〉　**この問題の絵は縦に使用してください。**

①（問題５の絵を渡して）

１番上の段を見てください。さまざまな形があります。それぞれの形を半分に折った時、ぴったり重なるものすべてに○をつけてください。

②③④

上から２番目の段を見てください。左の四角に書いてある線を全部使って、形を作る時、どのような形ができますか。右の３つの形から選んで正しいものに○をつけてください。

３問続けてやりましょう。

〈時間〉　各20秒

〈解答〉　下図参照

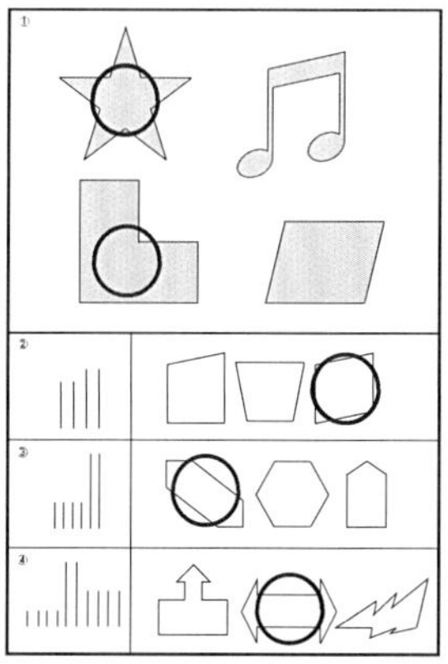

学習のポイント

①は線対称の問題です。「図形のどこで折ればぴったり重なるか」と考えながらそれぞれの形を見ていくことになります。「この折り目（線）で折ったどうなるか」と何度もイメージすることになるので、慣れていないと意外に難しい問題かもしれません。スムーズに答えられないようであれば、お子さまに実際に問題のイラストを切って、折らせみてください。説明するよりは理解しやすくなります。②は図形の構成の問題です。右の図形の「辺の数」を数えて、その数が左にある直線の数と合わない選択肢の図形は除く、という機会的な消去法でも答えられますが、できれば「この線がここに来て、この線がここ…」とイメージしながら正解を探してみてください。将来の学習につながります。

【おすすめ問題集】

Ｊｒ・ウォッチャー８「対称」、48「鏡図形」、54「図形の構成」

問題６　分野：見る記憶

観察　集中

〈準備〉　鉛筆

〈問題〉　**問題６－１、２の絵は縦に使用してください。**

①（問題６－１①の絵を見せる）
絵に描いてあるものをよく覚えてください。
（15秒後、問題６－１①の絵を伏せ、問題６－２の絵を渡す）
ウサギとイヌはどこにいましたか。上の段の絵に○をつけてください。

②（問題６－１②の絵を見せる）
絵に描いてあるものをよく覚えてください。
（15秒後、問題６－１②の絵を伏せ、問題６－２の絵を渡す）
２つの花に花びらはそれぞれ何枚ついていましたか？　その数だけ下の段の花の顔が描いてある四角に○を書いてください。

〈時間〉　各20秒（解答時間のみ）

〈解答〉　省略

学習のポイント

見る記憶の問題では、ものの種類や位置、数など、質問されることはある程度決まっています。要領よく観察していきましょう。まず、全体像を把握します。この時、「～が～にある」と「何が」と「位置」を覚えます。「位置」はどんな覚え方でも構いませんが、互いの関係も覚えるようにします。①なら「イヌはウサギの右、少し下」といった感じです。次にそれぞれの「特徴」と「数」の情報を付け足します。「笑っている１匹のイヌは一匹のウサギの右、少し下に描かれている」といった形になると思います。絵にもう少し多くのものが描かれていたり、構図そのものが複雑な場合は違う覚え方もありますが、小学校受験の「見る記憶」の問題なら、この方法で充分対応できるはずです。

【おすすめ問題集】

Ｊｒ・ウォッチャー20「見る記憶・聴く記憶」、37「選んで数える」

問題7　分野：図形（四方からの観察）

考え　観察

〈準 備〉　鉛筆、消しゴム

〈問 題〉　（問題７－１の絵を渡す）
①左側を見てください。見本の積み木を上から見た時、どのように見えますか。下の４つの中から選んで○をつけましょう。
②右側を見てください。見本の積み木を上から見た時、どのように見えますか。下の４つの中から選んで○をつけましょう。
（問題７－２の絵を渡す）
③左側を見てください。見本の積み木を上から見た時、どのように見えますか。下の４つの中から選んで○をつけましょう。
④右側を見てください。見本の積み木をさまざまな方向から見た時、どこから見てもその形に見えないものはどれですか。下の４つの中から選んで○をつけましょう。

〈時 間〉　各30秒

〈解 答〉　①左上　②右下　③左上　④左下

学習のポイント

ほかの問題ならまだしも、積み木の問題の答え合わせは、実際に積み木を積んでお子さま自身の目で確認しながら行うようにした方がよいでしょう。目で見てはじめてわかることも多いからです。小学校受験で出題される図形・立体の問題は、理屈ではなく感覚で理解していればよいので、「前に積み木を組んだ時にそうだったから」で解答の理由は充分です。経験していないものに対しては推測も必要ですが、その場合にも、似たような例を思い出して、その例に当てはめるて考えるということができるようになってきます。

【おすすめ問題集】
Ｊｒ・ウォッチャー　10「四方からの観察」、16「積み木」、
53「四方からの観察　積み木編」

家庭学習のコツ③　効果的な学習方法～問題集を通読する

過去問題集を始めるにあたり、いきなり問題に取り組んではいませんか？　それでは本書を有効活用しているとは言えません。まず、保護者の方が、すべてを一通り読み、当校の傾向、ポイント、問題のアドバイスを頭に入れてください。そうすることにより、保護者の方の指導力がアップします。また、日常生活のさまざまなことから、保護者の方自身が「作問」することができるようになっていきます。

問題8　分野：推理・常識（仲間探し）

集中　考え　知識

〈準備〉　鉛筆

〈問題〉　**問題8-1、2、3の絵は縦に使用してください。**

①②（問題8－1の絵を見せる）
この問題は、仲間探しの問題です。小さな四角の中の3つの絵は、同じ仲間です。これと同じ仲間だと思う絵を、大きな四角の中から2つ探して○をつけてください。
2問続けてやりましょう。

③（問題8－2の絵を見せる）
上の絵は、ある乗りもののタイヤの跡がついています。下の3つのうち、どの乗りもののタイヤの跡ですか。正しいものに○をつけてください。

④下の絵の左に描いてある絵を鏡に映すとどのように映りますか？
右の3つの絵から1つ選んで○をつけてください。

〈時間〉　①②各20秒　③10秒　④15秒

〈解答〉　下図参照

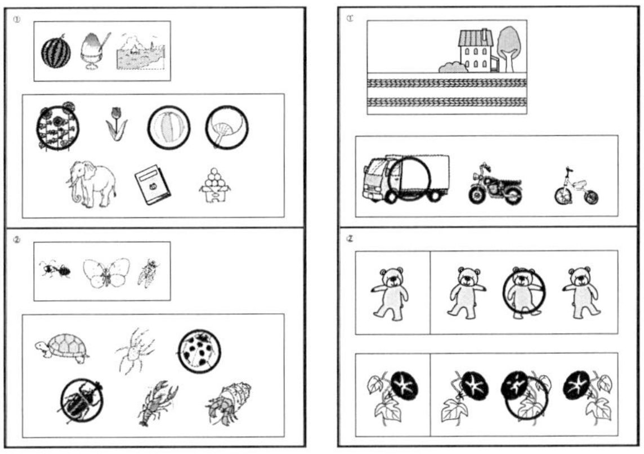

学習のポイント

①②のような仲間探しの問題は描かれている絵から推測して答えられるものではないので、日ごろからの体験や観察から得られる知識が必要です。図鑑やインターネットを見て単に知識を得てもよいですが、動物園や博物館に行ったり、山や海に出かけ得た知識の方が印象に残り、思い出しやすくなります。無理のない範囲で、お子さまに体験する機会を設けてあげましょう。④の鏡図形の問題です。「鏡に映ったら左右対称になる」ということを理解した上で絵の微妙な違いに気が付く、という観察力が必要な問題になっています。図形の鏡図形と違い動物や花の細かな違いは、お子さまによっては意外と見つけにくいかもしれません。

【おすすめ問題集】
Ｊｒ・ウォッチャー11「いろいろな仲間」、27「理科」、48「鏡図形」

問題9　分野：常識（生活常識）

知識

〈準備〉　クーピーペン（黒）

〈問題〉　①左の絵の中で、海水浴で使わないものに○をつけましょう。
②右の絵の中で、雨の時に使うためのものではないもの○をつけましょう。

〈時間〉　各30秒

〈解答〉　①ゲーム機、虫めがね　②めがね、ぼうし

学習のポイント

「常識」の問題は、小学校入試において頻出です。生きものや自然現象などの理科的知識、行事や植物のサイクルなど季節に関する知識、公共の場や交通機関でのマナー、安全・衛生に関する知識、さらには生活上の知識まで、さまざまな知識が問われます。問われる知識の共通点は、日常生活で得られるものだということです。学ばなければならないのは、身近ではない動植物や経験しにくい季節の行事などの知識ぐらいでしょう。保護者の方はお子さまがその経験を積めるように機会を持てるようにしてください。お子さまが生活で経験できない知識を教えたり、メディアを活用して説明してあげればよいのです。

【おすすめ問題集】
Ｊｒ・ウォッチャー12「日常生活」

問題10　分野：制作・行動観察

聞く　創造

〈準備〉　クレヨン、のり、ハサミ、紙コップ、わりばし、新聞紙、セロハンテープ
※問題10の絵の指定部分をあらかじめ切り抜いておく。紙コップは底面を切り取り、切れ目（問題10の絵を参照）を入れておく。

〈問題〉　輪投げを作ります。
（問題10の絵から切り抜いた紙を渡して）
①好きな動物の絵をクレヨンで描いてください。
②絵を描き終わったら、絵の裏面に割りばしをセロハンテープで貼り付け、割りばしを紙コップの切れ目にはさんで（問題10の絵参照）ください。輪投げの的が完成しました。
③新聞紙をねじってひものようにします。両端をセロハンテープで留め、輪にします。
④それでは作ったものを使って、輪投げをしてください。

〈時間〉　適宜

〈解答〉　省略

家庭学習のコツ④　効果的な学習方法～お子さまの今の実力を知る

1年分の問題を解き終えた後、「家庭学習ガイド」に掲載されているレーダーチャートを参考に、目標への到達度をはかってみましょう。また、あわせてお子さまの得意・不得意の見きわめも行ってください。苦手な分野の対策にあたっては、お子さまに無理をさせず、理解度に合わせて学習するとよいでしょう。

学習のポイント

当校の制作問題はそれほど複雑なものを作るわけではありませんが、それだけに指示はよく聞いて間違えないようにしましょう。①では「動物の顔」を描くという指示が抜けやすく、②は「割りばしをはさむ）作業内容がわかりにくいという点がわかりにくいかもしれません。なお、③の新聞紙を輪にして留める工程はやや難しいので、お子さまが困るようなら保護者の方が補助してください。なお、ここでは制作したもの使って行動観察（輪投げ）を行います。あまりいい加減なものを作ってしまうと自分が困ることになるので、ある程度は使いやすく、きちんとしたものを作った方がよいでしょう。

【おすすめ問題集】
　実践 ゆびさきトレーニング①②③、Ｊｒ・ウォッチャー23「切る・貼る・塗る」
　Ｊｒ・ウォッチャー29「行動観察」

問題11　分野：お話の記憶

知識　聞く　集中

〈準　備〉　オレンジ色のクーピーペン（輪ゴムを巻き付けておく）

〈問　題〉　お話を聞いて、後の質問に答えてください。

キツネくんはクマくん、イヌくん、ネコさんと公園でキャッチボールをする約束をしました。キツネくんは学校が終わるとすぐにお家へ帰って、公園へ向かいました。公園へ向かっている途中に、パンダさんに会いました。「パンダさんどこへ行くの？」とキツネくんが聞くと、「今からピアノのレッスンなの」と言いました。キツネくんが「パンダさんの演奏、今度聞かせてね」と言ったので、パンダさんはうれしそうに「ありがとう」と言いました。公園へ着くと、クマくんとイヌくんがすでにキャッチボールをしていました。キツネくんは「遅くなってごめんね」と言い、キャッチボールを始めようとしましたが、グローブを忘れたことに気付きました。「キツネくん、グローブ忘れたの」とイヌくんが言ったので、「うん、そうみたい、だからキャッチボールできそうにないや」とキツネくんは泣き出しました。クマくんが「キツネくん泣かなくても平気だよ、だったらみんなで砂場で遊ぼうよ」と提案したので、みんなと砂場で遊ぶことにしました。すると、遅れてきたネコさんがやってきて、びっくりしています。「どうしてキャッチボールをしないの？」と聞いてきました。キツネくんが「ぼくがグローブを忘れちゃったから」と答えましたが、ネコさんは「わたしはキャッチボールがしたい」と言い始めました。クマくん、イヌくん、キツネくんは困りましたが、ネコさんが「あれ、あれれ」とカバンを探っています。キツネくんが「どうしたの？」と聞くと、ネコさんは笑って「わたしもグローブを忘れたみたい」と言いました。みんなも笑いました。ネコさんは「ごめんね、わたしもグローブ忘れたのに、わがまま言って」と言うので、みんな、ネコさんを許してあげて、楽しく砂場で遊びました。

①お話に出てこなかったものに、○をつけてください。
②３番目に公園に着いた動物は誰ですか、○をつけてください。
③忘れものに気付いたキツネくんは、どんな表情でしたか、○をつけてください。
④キャッチボールに必要な道具のセットはどれですか、○をつけてください。

〈時　間〉　各15秒

〈解　答〉　①ブタ（右端）　②キツネ（右から３番目）　③右から２番目　④右から２番目

学習のポイント

当校のお話の記憶の問題には、お話の出来事が何番目に起きたか、登場したものが何番目に登場したか、といった順序を聞く問題が頻出します。これはストーリーを把握できるかどうかを観点にしているからでしょう。何かを丸暗記する、という意味での記憶力ではなく、流れの中で考えながら記憶するという能力が備わっているかを観ているのです。たいていのお話は、時系列順に出来事が起こりますから、ふだんから読み聞かせなどをしていれば自然とお話の流れは記憶に残ります。この問題にスムーズに答えられるお子さまには、特別な対策は必要ないかもしれません。もし、そうでないようならこうした出題があることを意識して、場面をイメージしながらお話を聞いてみてください。「動物たちがキャッチボールしに公園に出かけた」と記憶するのではなく、「公園でキャッチボールをする動物たち」をイメージするのです。紙芝居を見るように記憶すれば、無理なくお話の流れ、ストーリーが覚えられるはずです。

【おすすめ問題集】

1話5分の読み聞かせお話集①・②、お話の記憶 初級編・中級編・上級編

Ｊｒ・ウォッチャー19「お話の記憶」、34「季節」

問題12　分野：言語（いろいろな言葉）

語彙　考え

〈準 備〉　オレンジ色のクーピーペン（輪ゴムを巻き付けておく）

〈問 題〉　左上の四角の絵は「きる」という言葉を表しています。同じように「きる」という言葉を使っている絵を見つけて、○をつけてください。

〈時 間〉　30秒

〈解 答〉　下図参照

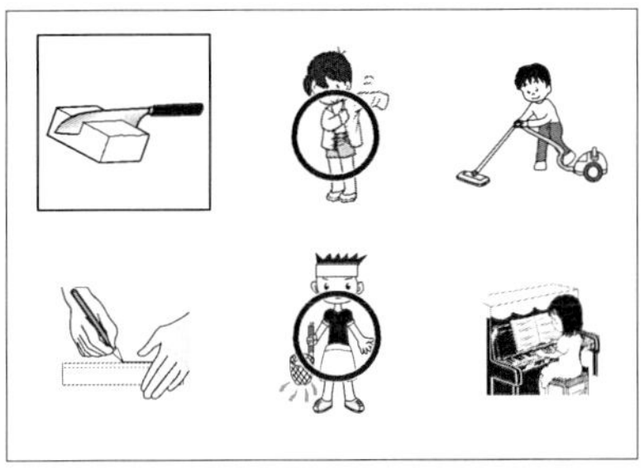

学習のポイント

この問題では見本の絵の「（豆腐を）切る」と同じ読みですが、違う動作をしている絵を選びます。当校では、こういった独特の言語分野の問題が頻出しているので注意しておきましょう。年齢相応の語彙を持っているかをチェックするための問題ですから、知っていて当然の言葉は発音だけなく、どのように使うかも押さえておく必要があります。とは言え、文字は読めないというのが小学校入試では前提条件になっていますから、名詞にしろ、動詞にしろ、くらしの中で使う言葉・表現だけでかまいません。「これは～という」「～という言い方をする」といった会話を頻繁にするように意識していれば、必要な語彙はお子さまの身に付くはずです。なお、解答は「衣服を着る」「湯を切る」という２つの言葉になりますが、「湯を切る」というのは少しお子さまには難しいかもしれません。これに関しては「そういった使い方もある」程度に覚えておけば大丈夫です。

【おすすめ問題集】
　Ｊｒ・ウォッチャー18「いろいろな言葉」

問題13　分野：図形（パズル）

観察　考え

〈準　備〉　オレンジ色のクーピーペン（輪ゴムを巻き付けておく）

〈問　題〉　上の段の図形は左上の図形がいくつ組み合わされてできたものですか。その数だけ○をつけてください。

〈時　間〉　30秒

〈解　答〉　○：８個

学習のポイント

当校の図形分野の問題は例年頻出しています。問題の内容は図形の構成や分割、重ね図形など年度によってさまざまですが、共通しているのは、志願者の思考力を試すような出題が目立つことでしょう。あまり他校で見られない出題や、数多くの図形を使った問題が出題されることが多いような印象を受けます。本問は、左上の図形（３個の四角形がＬ字型に集まっている）が何個集まって、上段の図形ができているのかを聞いています。完成した図を見ながら答えるという形式ですから、部品の数が多い図形の分割の問題と考えてください。小学校入試の問題としてはかなり複雑なものですから、印をつけたり、完成図（上段の図形）をクーピーペンで区切ってもよいでしょう。ここでは混乱しないこと、いくつの部品を使ったかと途中経過を把握しておくことがポイントになります。

【おすすめ問題集】
　Ｊｒ・ウォッチャー３「パズル」、45「図形分割」、54「図形の構成」

問題14　分野：推理

聞く　考え

〈準 備〉　オレンジ色のクーピーペン（輪ゴムを巻き付けておく）

〈問 題〉　４匹の動物たちがお昼に食べたものを話しています。
動物たちの話を聞いて、誰が何を食べたのか、線でつないでください。

トラ「今日は暑いからかき氷を食べたよ」
ゾウ「スープまで飲んだからお腹いっぱい」
クマ「ごはんの中に、タラコが入ってたよ、おいしかった」
イヌ「ごはんといっしょにスプーンですくって食べたら、ちょっと辛かった」

〈時 間〉　20秒

〈解 答〉　下図参照

学習のポイント

動物たちが何を食べたのか、それぞれの動物たちの話から推理する問題です。食べものの材料あるいは形状を表す言葉が発言にあるので、１つひとつ整理しながら、誰が何を食べたかを考えていきましょう。トラは「かき氷」とそのものずばりを言っていますから、線を結んで終わりです。次にゾウは「スープ」と言っていますから、「ラーメン」か「カレー」のどちらかになります。クマは「ごはんの中にタラコ」と言っているので「おにぎり」とわかります。イヌは「ご飯といっしょにすくって食べたら」と言っているので、残っている「ラーメン」と「カレー」のうち、「カレー」が食べたものだとわかり、残った「ラーメン」をゾウが食べたとわかる、というわけです。具体的に推理すればこのようになりますが、注意したいのはこの時、消去法を用いていることです。「ＡＢＣのうち、ＡでもＢでもないので、答えはＣ」という考え方です。お子さまはふだんそのような考え方をしていないと思いますので、この機会に学んでおいてください。

【おすすめ問題集】
Ｊｒ・ウォッチャーＪｒ・ウォッチャー31「推理思考」

問題15　分野：推理（比較）

観察　考え

〈準備〉　オレンジ色のクーピーペン（輪ゴムを巻き付けておく）

〈問題〉　左の絵のように、丸い積み木１つと、四角い積み木２つをそれぞれ入れた水槽に、同じ高さまで水を入れました。それぞれの水槽から積み木を取り出したところ、残った水の量は同じになりました。では、右の絵のように４つの水槽の中から丸い積み木と四角い積み木を全部取り出した時、残った水はどの水槽が１番少ないですか。○をつけてください。

〈時間〉　各20秒

〈解答〉　右上

学習のポイント

前問に引き続き推理分野の問題です。ここでは置き換えた上で比較するという考え方で答えます。結論から言うと、積み木の体積（重さ）が「●＝■■」という関係になるということがわかれば、簡単に答えが出るのです。つまり、それぞれの水槽の中に「■の積み木が～個ある」と置き換えてから比較すれば、どの水槽に残る水が１番少ないかが、一目瞭然になるというわけです。ですから、ポイントは、イラストの上の段を見て、「●＝■■」という関係に気付けるかということでしょう。シーソーを使った比較の問題はよく出ますが、ここでは「積み木を水から取り出すと同じ量の水が残った」というイラストから、その関係を推理しなければならないのです。これは比較や数量の問題で置き換えの問題に慣れていないと、なかなか出てこない発想です。慣れていない場合は、保護者の方がヒントを出してください。

【おすすめ問題集】

Ｊｒ・ウォッチャー15「比較」、31「推理思考」、58「比較②」

問題16　分野：推理

考え　観察

〈準 備〉　オレンジ色のクーピーペン（輪ゴムを巻き付けておく）

〈問 題〉　この中に1つの絵だけ、輪がつながっていないものがあります。つながっていないものに、○をつけてください。

〈時 間〉　25秒

〈解 答〉　下段左端

学習のポイント

輪がつながっていれば、つながっている部分がもう一方の輪の表から裏へという形で交わっているはずです。言葉にするとかえってわかりにくくなりますが、輪が重なっているだけの絵と輪がつながっている絵を比較すれば、その違いはすぐにわかります。つまり、それほど内容的に難しい問題ではない、ということです。この問題が難しいとすれば、立体を絵で表現するとどのように描かれるか、を理解することでしょう。積み木を四方から見る問題がありますが、絵はある1つの方向からどのよう見えるかを描いているだけで、全体像を描いているわけではありません。描かれていない部分については想像で補っているのです。大人なら無意識に行っているこの作業ですが、お子さまによっては身に付いていないこともあります。まずは、積み木の問題（四方からの観察など）を解いてみることで、そのルールを学びましょう。

【おすすめ問題集】
　Ｊｒ・ウォッチャー31「推理思考」

問題17　分野：推理

観察　考え

〈準 備〉　オレンジ色のクーピーペン（輪ゴムを巻き付けておく）

〈問 題〉　上の段を見てください。男の子がこのような運動を行いました。３番目の運動を行った時、どのような手と足の形になりますか。選んで、○をつけてください。

〈時 間〉　各20秒

〈解 答〉　左下

学習のポイント

絵に描いてある運動を実際に行ってみれば答えはすぐにわかるでしょう。それができないのがこの問題の難しさです。言い換えれば、この問題も絵に描かれていないものをイメージしないと解けない、ということになります。具体的に言えば、上の段の運動の絵を見て、手や足がどのように地面と接しているかをイメージするのですが、前の問題で述べたように、慣れていないとかなり難しい作業です。もし難しいようなら、運動の絵の下に手足だけを真上から見た絵で描いてみてください。実際の試験では時間がないのでできませんが、かなりわかりやすくなるでしょう。立体を絵にするという作業は、立体を平面に変換する作業とも言えます。絵を立体的に理解するだけではなく、観察力も身に付きますから、機会があればぜひ行ってください。

【おすすめ問題集】

Ｊｒ・ウォッチャー31「推理思考」

問題18　分野：常識

知識　公衆

〈準 備〉　オレンジ色のクーピーペン（輪ゴムを巻き付けておく）

〈問 題〉　お盆に載っている食器やお箸が正しいものはどれですか。選んで○をつけてください。

〈時 間〉　20秒

〈解 答〉　下図参照

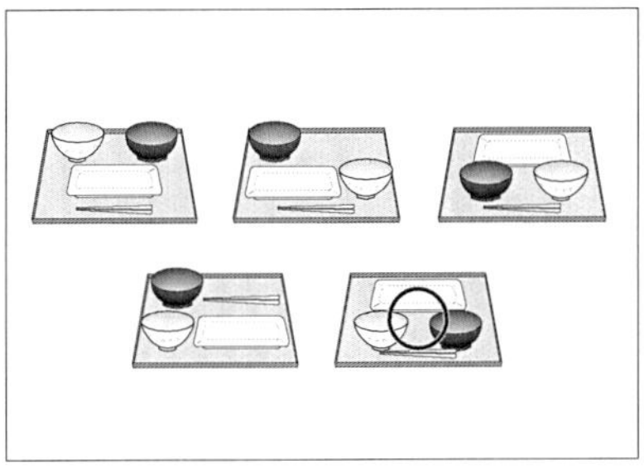

学習のポイント

食事の作法に関する常識の問題です。下段右の「おかずの皿が１番奥で、茶碗が左、味噌汁の器が右、お箸は手前で左向き」が正解になります。実際の生活ではこういった和食で、お椀が付くという食事ばかりではないでしょうから、初見でわからなくてもそれほど気にする必要はありません。この機会に知っておけば充分です。食事する様子を観察するという行動観察の課題もありますが、食事の作法についてはそれほど問われることはありません。むしろ、レストランや公園、電車といった公の場所でさわぐ、ルールを守らないといった他人に迷惑をかける行動について問われることの方が多いかもしれません。小学校入試で問われる常識問題は年齢なりの知識とマナーを身に付けているか、それを使って入学してからの集団行動、学習ができるかということが観点だからです。

【おすすめ問題集】

Ｊｒ・ウォッチャー12「日常生活」、56「マナーとルール」

問題19　分野：口頭試問（常識）

話す　公衆

〈準 備〉　なし

〈問 題〉　子どもたちが公園で遊んでいます。このなかで、いけないことをしている子は誰ですか、指でさしてください。また、それはなぜですか。説明してください。

〈時 間〉　１分

〈解答例〉　毛虫を持って女の子を追いかける男の子、サクラの木の枝にぶらさがる男の子たち、など
理由：女の子が嫌がっているから、サクラの木が傷むから、など

学習のポイント

小学校入試では、入学してからの集団行動・学習ができるかをチェックするという観点で、こうしたマナーに関する出題が増えているということは前述の通りです。ここでは、口頭試問形式で理由も述べなくてはならない、という点に注意してください。単に知識として覚えているのではなく、納得した上で身に付けていることを確かめるために質問されるのですが、「そのようにしなさい言われたから」と返答しては台なしです。お子さまが年齢なりの主体性がない、思考力がないと評価されるだけなく、家庭でそのような形で教育されていると思われてしまいます。なかなか大変なことだとは思いますが、常識、マナーについて教える時は、単純な理由でかまいません、必ずお子さまが納得するような理由を添えて、マナーを教えるようにしましょう。

【おすすめ問題集】

Ｊｒ・ウォッチャー56「マナーとルール」

問題20　分野：巧緻性

聞く　集中

〈準備〉　問題20の絵を参考にして、青色の画用紙、緑色の画用紙、ハサミ、のり、折り紙２枚、クーピーペン（12色）

〈問題〉　（問題20－１の絵を参考に）
①問題20－２の絵を、指定の色、好きな色で塗ってください。
②２枚の折り紙をそれぞれの指示にしたがって、折ってください。この時の折り紙の色は①の時に塗った好きな色を使います。
③胸びれの折り紙を（20－１の完成図を参考に）貼ってください。貼り終わったら、20－２の絵を切り取り、青色の画用紙に貼ってください。
④貼り終えたら、尾びれの折り紙を（20－１の完成図を参考に）貼ってください。
⑤緑の画用紙を切って（20－１の完成図を参考に）貼ってください。
以上で、お魚さんの完成です。

〈時間〉　適宜

〈解答〉　省略

学習のポイント

押しなべて国立小学校の制作問題は、「基本的な作業ができる」「指示の理解と実行できる」という２つの観点で主に評価されています。発想力や作品の完成度について評価されない、ということではありませんが、あくまで補足でしょう。よいにしろ悪いにしろ、よほどのものでなければ、評価に関係しません。ですから、ここでは①道具の扱いを含めて「切る・塗る・貼る」といった基本的作業ができる、②人の話（指示）を理解して、それを実行するという２点ができるようにお子さまを指導してください。①の対策は経験を積むことしかありませんが、②は日常生活で対策が行なえます。「指示→実行」という流れは学習だけでなく、生活のあらゆる場面にあるはずですから、積極的に活用してください。お手伝いでもおつかいでも構いません。お子さまに課題と機会を与えてみましょう。

【おすすめ問題集】
実践 ゆびさきトレーニング①②③、 Ｊｒ・ウォッチャー23「切る・貼る・塗る」

問題21　分野：お話の記憶

知識　聞く　集中

〈準備〉　オレンジ色のクーピーペン（輪ゴムを巻き付けておく）

〈問題〉　お話を聞いて、あとの質問に答えてください。

寒かった冬も終わり、外はだんだん暖かくなってきました。今日は、ようこさんがお父さんとお母さん、お兄さんといっしょに、水族館へ出かける日です。朝ごはんを食べたようこさんは、さっそく出かける準備を始めました。お花の模様の白いシャツと黒いスカートに着替えて、リボンのついた帽子も用意しました。するとお父さんが、「今日は車で出かけるから、帽子はいらないよ」と言ったので、帽子をかぶるのはやめて車に乗りました。水族館に着くと、ようこさんはお兄さんといっしょに、魚たちの水槽を見て回りました。銀色に光る魚や、縞模様の魚がいて、とてもきれいでした。次の水槽では、とても大きなタコが岩と岩のすきまを、上手に通りぬけていました。「へえ、あんな狭いところを通るんだ。タコってすごいね」とようこさんが言うと、お兄さんも「ぼくもはじめて見たよ。びっくりだね」と言いました。そろそろイルカのショーが始まる時間です。ようこさんたちが急いでイルカのプールへ行くと、大きなイルカがジャンプしているところでした。そのイルカの横では、小さなイルカが大きなボールを持ち上げています。ようこさんは「わあ、すごい。上手だね」と大よろこびです。最後にペンギンのプールへ行くと、そこでは５匹のペンギンたちが、１列に並んで歩いています。ようこさんとお母さんは、ペンギンといっしょに写真を撮りました。記念の写真も撮れて大満足です。帰りの車の中で、ようこさんはペンギンの写真をお兄さんに何度も見せていました。今日はとても楽しい１日でした。

①水族館へ出かけた時の、ようこさんの服装はどれですか。選んで○をつけてください。
②ようこさんたちが見たイルカのショーの様子はどれですか。選んで○をつけてください。
③ようこさんたちが水族館で見なかった生きものはどれですか。選んで○をつけてください。
④お話の季節と同じ季節の行事はどれですか。選んで○をつけてください。

〈時間〉　各15秒

〈解答〉　①右端　②右端　③左から２番目　④右から２番目

学習のポイント

当校のお話の記憶の問題では、お話の流れに沿ってできごとや登場したものを問う問題と、季節などの知識を問う問題が組み合わされて出題されます。まずは、お話の流れをつかむことを意識して練習をしてください。お話の流れをつかむ際のポイントは、場面を大きく２～３つ程度に分け、それぞれの場面で、「どこで」「誰が」「何をした」の３点を押えることです。本問の場合、①家でようこさんが水族館へ出かける準備をした。②水族館で、ようこさんたちが、さまざまな生きものを見た。③ペンギンのプールで、ようこさんとお母さんが写真を撮った、となります。お話を聞いて、その情景を頭の中に思い描けるようになるために、まず、シンプルに全体を把握する練習をしてください。具体的には、お話を読み聞かせた後で、上記の点について簡単な質問をするだけで充分です。お子さまが情景を思い描きやすいように、質問の内容を工夫するとよいでしょう。

【おすすめ問題集】

１話５分の読み聞かせお話集①・②、お話の記憶 初級編・中級編・上級編
Ｊｒ・ウォッチャー19「お話の記憶」、34「季節」

問題22　分野：言語（言葉の音）

語彙　考え

〈準備〉　オレンジ色のクーピーペン（輪ゴムを巻き付けておく）

〈問題〉　左側に書いてある縦・横のマスには、右の四角の絵の中の、どれかの名前が入ります。四角が重なっているところには、同じ音が入ります。左のマスにあてはまる名前を右側の絵の中から見つけて書き、右側の絵の上には、そのマスの記号を描いてください。

〈時間〉　1分

〈解答〉　下図参照

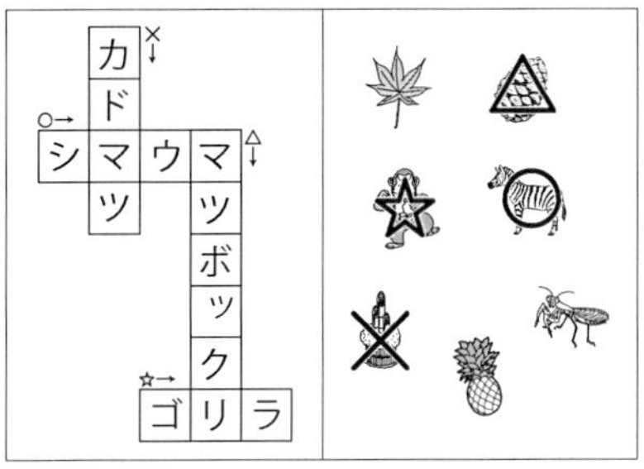

学習のポイント

クロスワードパズルを使った、言葉の音に関する問題です。言葉を音の組み合わせとしてとらえ、それを組み合わせる力が観られています。本問のようなパズルのポイントは、音の数と、共通する音に注目することです。それぞれのマスを見ると、4音のマスが2つと、6音、3音のマスが1つずつあります。右の絵を見ると、名前が4音でできているのは、シマウマ、カドマツ、カマキリの3つがあるので、「マ」の音に注目して組み合わせを考えていくと、「〇」にシマウマ、「×」にカドマツがあてはまることがわかります。この2つが見つかると、6音、3音のマスの答えも見つけやすくなります。もし難しいようでしたら、6音のマスを先に考えて、マツボックリとパイナップルのどちらを当てはめるとほかの言葉とつながるのかを探すようにするとよいでしょう。はじめはそれぞれのものに共通する音に注目して順番に解きすすめ、慣れてきたら特徴的な部分から効率的に考えるようにするとよいでしょう。

【おすすめ問題集】

Ｊｒ・ウォッチャー17「言葉の音遊び」、18「いろいろな言葉」、
60「言葉の音（おん）」

問題23　分野：推理

聞く　考え

〈準備〉　オレンジ色のクーピーペン（輪ゴムを巻き付けておく）

〈問題〉　絵を見てください。
ネコさんは「私はネズミさんの正面にいるよ」と言いました。
イヌくんは「ネコさんは僕の左隣にいるよ」と言いました。
サルくんは「僕はキツネさんの右隣にいるよ」と言いました。
キツネくんは「僕はネコさんの隣にいないよ」と言いました。
○、△、☆のイスに座っている動物に、それぞれの記号を書いてください。

〈時間〉　1分

〈解答〉　○：ネズミ　△：サル　☆：クマ

学習のポイント

動物たちの発言を聞いて、それぞれの動物たちが座っている場所を見つける問題です。その動物の座っている位置から、「正面」「右隣」「左隣」を考えなければいけないところが本問の難しいところです。自分のいる場所からだけでなく、相手のいる場所からの位置を把握する力が求められています。本問では、1つひとつ順を追って、動物たちの発言を確認していきます。はじめにネコの発言から、ネズミの席がネコの席の正面、つまり「○」の位置にいることがわかります。次に、イヌの発言からは、ネコの席がイヌの席の左隣、つまりイヌの席はネコの席の向かって左になります。サルの発言からは、サルとキツネが並んで座っていることがわかるので、ネコの席の向かって右側に空いている2つの席（△とその隣の席）となります。最後にキツネの発言から、「△」はキツネではなくサルの席とわかり、残った「☆」がクマの席になることもわかります。聞き取ったことを1つひとつ確認していく練習をしておくと、このような問題にも対応できるようなります。

【おすすめ問題集】
Ｊｒ・ウォッチャー31「推理思考」

問題24　分野：推理（推理思考）

観察　考え

〈準備〉　オレンジ色のクーピーペン（輪ゴムを巻き付けておく）

〈問題〉　矢印のところをハサミで切ると、ひもは何本に分かれますか。その数だけ、下の四角に○をつけてください。

〈時間〉　各15秒

〈解答〉　①6本　②5本

学習のポイント

ひもをハサミで切ると、ひもは切った回数より１本多くなります。例えば１本のひもを１回切ると２本に分かれますし、２回切ると３本になります。この考え方に気が付き、ハサミで何回切ったのかを確認していくのが、基本的な解き方です。この考え方が難しい場合には、ひもの絵を端から順番に数えていっても答えは見つけられます。しかし、推理分野の問題では思考力が問われているので、「指示をよく聞き」「絵をよく見て」「解き方を考える」ようにしてください。ふだんの学習の際にも、正解不正解だけでなく、どのように解くのかを考えながら問題に取り組むようにするとよいでしょう。

【おすすめ問題集】
　Ｊｒ・ウォッチャー31「推理思考」

問題25　分野：推理（ブラックボックス）

観察　考え

〈準 備〉　オレンジ色のクーピーペン（輪ゴムを巻き付けておく）

〈問 題〉　上の絵のように、ある形をイチゴの箱とサクランボの箱に入れると、向きが変わって出てきます。
では、下の絵のように、ある形を箱に入れると、どのようになるでしょうか。
○と△の部分にあてはまる形を、１番下の段から選んで、その印をつけてください。

〈時 間〉　各20秒

〈解 答〉　○：右から３番目　△：左端

学習のポイント

お約束にしたがって図形の向きが変わる、ブラックボックスの問題です。この問題では、図形を動かした時の形をイメージする図形把握力が求められています。反転と回転を繰り返した後の図形の向きを把握するには、図形の特徴的な部分に注目して、その部分の動きを思い浮かべていきます。本問では、イチゴの箱を通ると図形が１回右に回転し、サクランボの箱を通ると図形が左右反転します。図形の六角形の部分から出ている線の位置と向きに注目して動きを追うと、①は１回右に回った後で反転し、その後２回右に回っているので、右から３番目の形になります。箱を１つ通るごとに、図形の向きを思い浮かべるようにするとよいでしょう。もし、このような動かし方のイメージが上手くできない時は、具体物を動かしながら確認するようにしてください。クリアファイルに図形を書いて動かす方法もおすすめです。

【おすすめ問題集】
　Ｊｒ・ウォッチャー32「ブラックボックス」

問題26　分野：観る記憶　観察

〈準　備〉　オレンジ色のクーピーペン（輪ゴムを巻き付けておく）

〈問　題〉　（問題26－1の絵を30秒見せてから、伏せる。問題26－2の絵を渡して）
今見た絵の女の子と同じポーズをしている男の子を選んで、○をつけてください。

〈時　間〉　25秒

〈解　答〉　上段右端

学習のポイント

見る記憶の問題です。見本の絵を覚える時には、絵の全体像を把握してから、細かい部分に目を配るようにします。本問の場合、まず、片手をあげている女の子の絵であることを把握してから、女の子の髪型や服装、右手の指の形を覚えていきます。質問は、同じポーズをした男の子を探すものなので、絵の全体像を把握していれば、答えが見つけられるでしょう。このように、絵の全体像をとらえてから細かい部分を覚える方法は、見る記憶の問題に限らず、多くの場面で役に立ちます。家庭での学習の際には、覚えた内容を聞き取って、確認するようにしてください。その時には、絵の覚え方と同様に、絵の全体像について先に聞き、その後で細かい部分を聞き取るようにしていくとよいでしょう。

【おすすめ問題集】
Ｊｒ・ウォッチャー20「見る記憶・聴く記憶」

問題27　分野：常識

観察　考え

〈準備〉　オレンジ色のクーピーペン（輪ゴムを巻き付けておく）

〈問題〉　（問題27-１の絵を渡す）
①１番上の段を見てください。この中で、土の中で育つ野菜に○をつけてください。
②上から２段目を見てください。ニワトリの親子が板の上に立ちました。板はどのようになりますか。正しいものに、○をつけてください。
③１番下の段を見てください。ハサミを人に渡す時、正しいものに○をつけてください。
（問題27-２の絵を渡す）
④この絵の中で、してはいけないことをしているのは誰ですか。○をつけてください。

〈時間〉　各20秒

〈解答〉　①左から２番目（ニンジン）　②右から２番目　③左端
④下図参照

学習のポイント

常識分野の問題です。①は、野菜が育つ場所についての問題です。野菜を扱った問題には、育つ場所のほかに、旬の季節、断面の形、色など、さまざまなものがあります。問題に取り組んだ後はしっかりと復習をして、あいまいな知識があればその都度減らすようにしましょう。②では、板の上にニワトリの親子が立っています。この時板は、下に少し曲がります。ニワトリぐらいの大きさのものを載せた時、板がどのくらい曲がるのかを、日常生活での経験から判断しなければいけません。④のマナーの問題では、していけないことに一目で気が付けるようになっていることが望ましいのです。なお、説明する時には「危険なこと」「迷惑がかかること」「自分勝手なこと」といった理由を言い、お子さまを納得させるようにしてください。

【おすすめ問題集】
Ｊｒ・ウォッチャー27「理科」、55「理科②」、56「マナーとルール」

問題28　分野：数量（計数）

観察　集中

〈準備〉　オレンジ色のクーピーペン（輪ゴムを巻き付けておく）

〈問題〉　（問題28-2を渡し、問題28-1の絵を見せる）
①この絵の中に、おすしはいくつありますか。その数だけ上の四角に○を書いてください。
②この絵の中で、1番多いのはどれですか。選んで○をつけてください。

〈時間〉　各20秒

〈解答〉　①○：4　②右端（ブドウ）

学習のポイント

複数のものを区別して数える問題です。本問のように、ランダムに散りばめられたものを数える問題では、数え忘れや重複に気を付けなければいけません。はじめのうちは、絵に印をつけて数えてもよいのですが、入試までには、10以下の数ならば絵を目で追いながら数えられるようにしてください。数える時には、絵の上から下までをひとまとめにして、左からなら左からと一定の方向で、順にお皿を見ていくことがポイントです。例えばドーナツが載せられた皿は、絵の左側の列の下の方にあります（1個目）。そのまま視線を右へ動かすと、中央よりやや右に、縦に2つ並んでいます（2・3個目）。このように視線を一定の方向へ動かしていくと、数え忘れや重複による失敗を減らすことができます。

【おすすめ問題集】
Ｊｒ・ウォッチャー4「同図形探し」、14「数える」、37「選んで数える」

問題29　分野：口頭試問

集中　考え

〈準備〉　ビー玉（10個）

〈問題〉　今からビー玉取りゲームをします。はじめにビー玉が10個あります。それを交互に取っていき、最後の1個を取った方が負けです。ビー玉は、1度に3個まで取ることができます。はじめに私が3個取ります。
では、あなたの番です。今何個のビー玉を取れば、最後にあなたは勝てますか。どうしてそうなのかも話してください。

〈時間〉　2分

〈解答〉　2個

学習のポイント

当校の口頭試問は、解答とともにその理由も説明するという形です。例年はマナー・ルールといった常識についての質問ですが、数年に１度は本問のように思考力を問う質問があります。この課題は「最後の１個のビー玉を取ると負け」、「ビー玉は１度に３個まで取れる」というルールがあるので、相手の順番で場に５個のビー玉が残るように、自分がビー玉を取っておけば勝ちになります。言ってしまえば答えは簡単ですが、ビー玉のやりとりをシュミレーションしないとわからないことです。お子さまにはなかなかできることではないでしょう。お子さまが解答するのに困るようでしたら、実際にこのゲームを保護者の方と行ってください。それをヒントして答えられれば充分に及第点と言えます。

【おすすめ問題集】
新口頭試問・個別テスト問題集

問題30　分野：巧緻性

聞く　集中

〈準備〉　クーピーペン（12色）、紙袋（Ａ４サイズくらいの大きさ。上部に穴を２つ開けておく）、ひも（30cm程度）、ハサミ、ノリ、問題30-１の絵を灰色または水色に塗っておく。

〈問題〉　（問題30-２の絵を参考に）
①問題30-１の絵を、太線に沿ってハサミで切る。
②鼻の部品ののりしろを折り、ゾウの鼻のように曲げる。
③鼻、耳、目のパーツをノリで紙袋に貼る。
④紙袋の下半分に、ゾウの口とキバを描く。
⑤紙袋の穴にひもを通し、端を結ぶ（結び方は自由）。

〈時間〉　適宜

〈解答〉　省略

学習のポイント

当校の制作の課題は、「切る」「折る」「曲げる」「貼る」「描く」「結ぶ」など、作業工程が多いことが特徴です。とは言え、どれも基本的な作業ですから、指示を守りながら確実に行いたいところです。指示を守っていれば、でき上がりはそれほど気にしないでください。道具がうまく使えていないのではないか、と疑われなければ充分です。後は指示されないこと、つまり、道具の後片付けをする、時間が余った時には静かに待っている、といったことができるようにしておきましょう。当校はマナーについての課題が多く、入試における大きな評価のポイントになっていることがうかがえます。

【おすすめ問題集】
実践 ゆびさきトレーニング①②③、 Ｊｒ・ウォッチャー23「切る・貼る・塗る」

大阪教育大学附属池田小学校　専用注文書

年　月　日

合格のための問題集ベスト・セレクション

＊入試頻出分野ベスト３

1st　お話の記憶

集中力　聞く力

2nd　常　識

知識　マナー

3rd　図　形

思考力　観察力

１つの分野でさまざまな問題が出題される、独特の形式が特徴です。難しい問題に取り組むよりも、それぞれの分野の基本問題を幅広く学習し、どんな問題にも対応できるようにすることがポイントです。

分野	書　名	価格(税抜)	注文	分野	書　名	価格(税抜)	注文
図形	Ｊｒ・ウォッチャー3「パズル」	1,500円	冊	図形	Ｊｒ・ウォッチャー45「図形分割」	1,500円	冊
図形	Ｊｒ・ウォッチャー4「同図形探し」	1,500円	冊	巧緻性	Ｊｒ・ウォッチャー51「運筆①」	1,500円	冊
推理	Ｊｒ・ウォッチャー6「系列」	1,500円	冊	巧緻性	Ｊｒ・ウォッチャー52「運筆②」	1,500円	冊
図形	Ｊｒ・ウォッチャー9「合成」	1,500円	冊	図形	Ｊｒ・ウォッチャー54「図形の構成」	1,500円	冊
常識	Ｊｒ・ウォッチャー11「いろいろな仲間」	1,500円	冊	常識	Ｊｒ・ウォッチャー55「理科②」	1,500円	冊
常識	Ｊｒ・ウォッチャー12「日常生活」	1,500円	冊	常識	Ｊｒ・ウォッチャー56「マナーとルール」	1,500円	冊
推理	Ｊｒ・ウォッチャー15「比較」	1,500円	冊	推理	Ｊｒ・ウォッチャー58「比較②」	1,500円	冊
記憶	Ｊｒ・ウォッチャー19「お話の記憶」	1,500円	冊	推理	Ｊｒ・ウォッチャー59「欠所補完」	1,500円	冊
巧緻性	Ｊｒ・ウォッチャー23「切る・貼る・塗る」	1,500円	冊		実践 ゆびさきトレーニング①②③	2,500円	各　冊
常識	Ｊｒ・ウォッチャー27「理科」	1,500円	冊		面接テスト問題集	2,000円	冊
行動観察	Ｊｒ・ウォッチャー29「行動観察」	1,500円	冊		1話5分の読み聞かせお話集①②	1,800円	各　冊
推理	Ｊｒ・ウォッチャー31「推理思考」	1,500円	冊		新 運動テスト問題集	2,200円	冊
常識	Ｊｒ・ウォッチャー34「季節」	1,500円	冊				

合計	冊	円

(フリガナ)

氏　名

電　話

ＦＡＸ

E-mail

住　所　〒　　　－

以前にご注文されたことはございますか。

有　・　無

★お近くの書店、または記載の電話・FAX・ホームページにてご注文をお受けしております。
電話：03-5261-8951　FAX：03-5261-8953　代金は書籍合計金額＋送料がかかります。
※なお、落丁・乱丁以外の理由による商品の返品・交換には応じかねます。

★ご記入頂いた個人に関する情報は、当社にて厳重に管理致します。なお、ご購入の商品発送の他に、当社発行の書籍案内、書籍に関する調査に使用させて頂く場合がございますので、予めご了承ください。

日本学習図書株式会社
http://www.nichigaku.jp

問題1－1

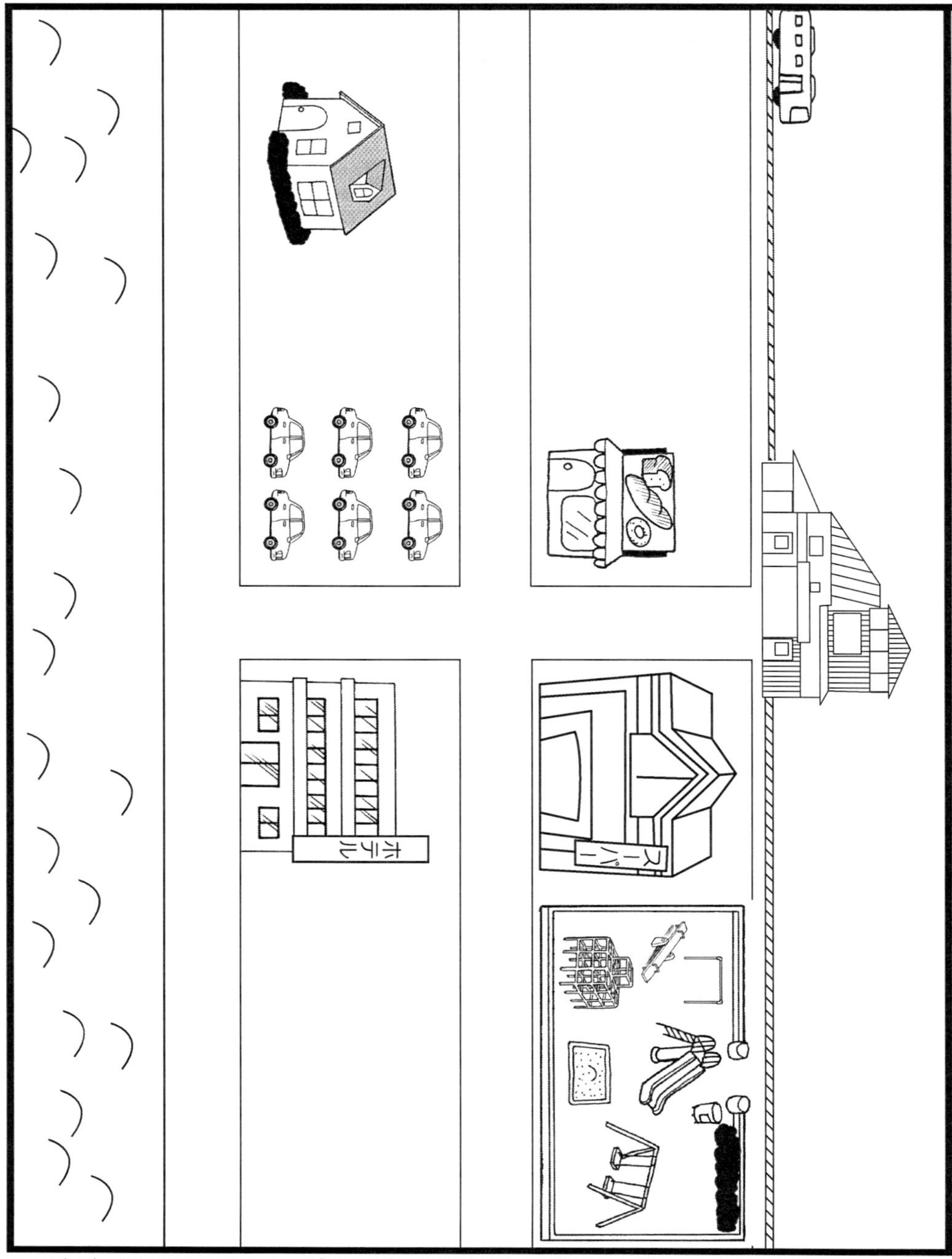

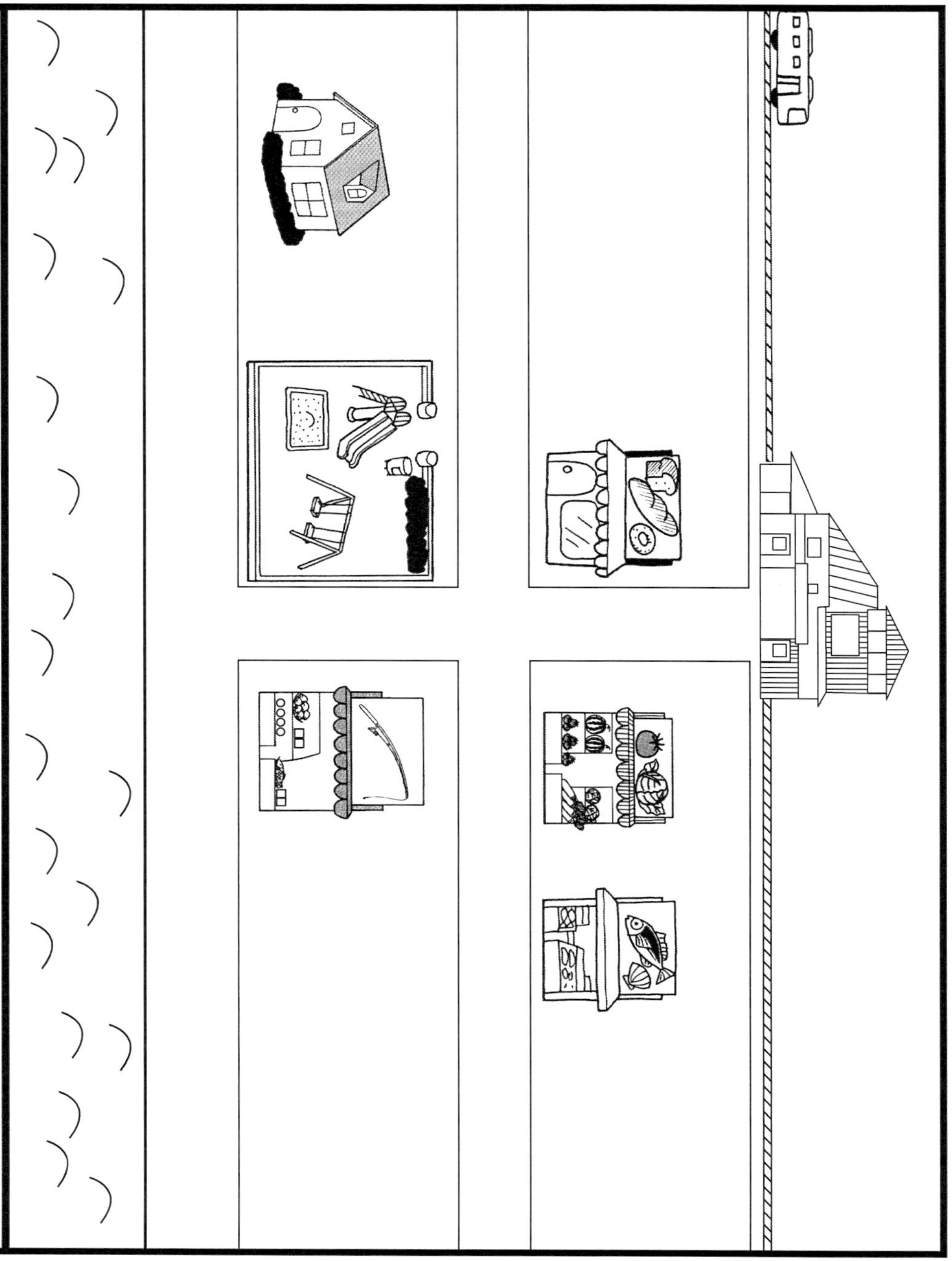

問題１－２

①

②

③

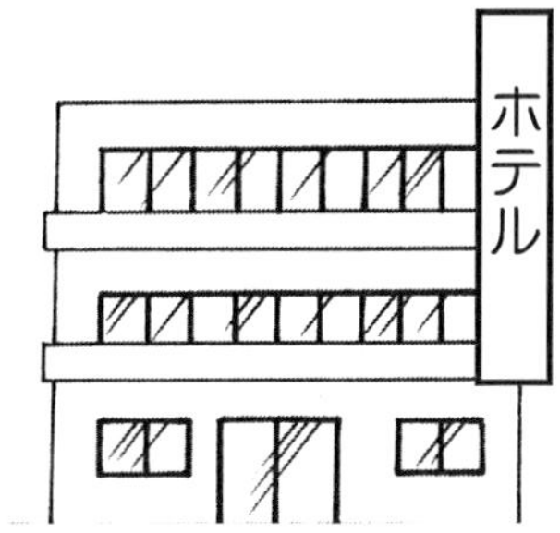

④

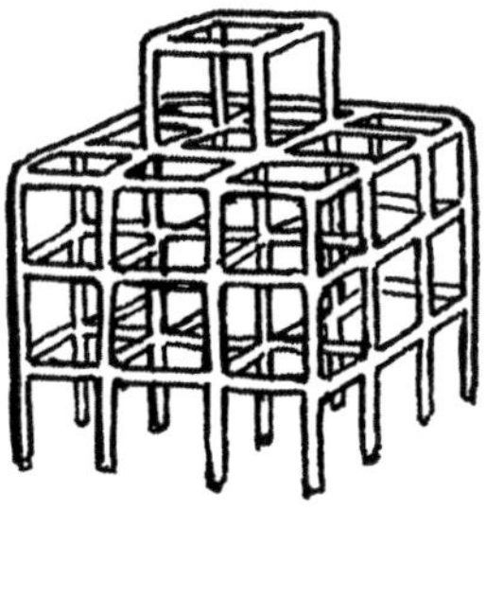

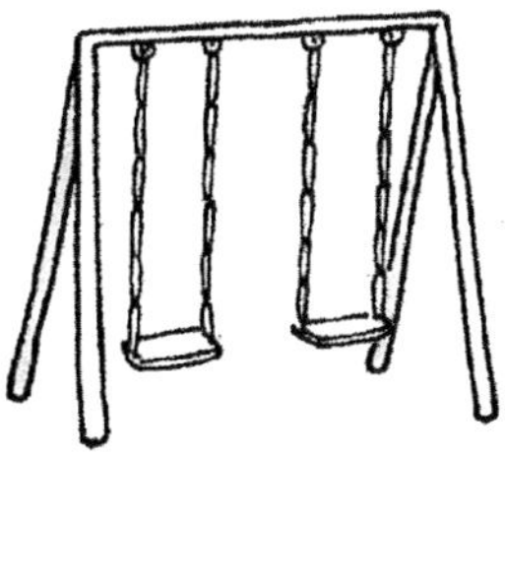

問題１－３

⑤

⑥

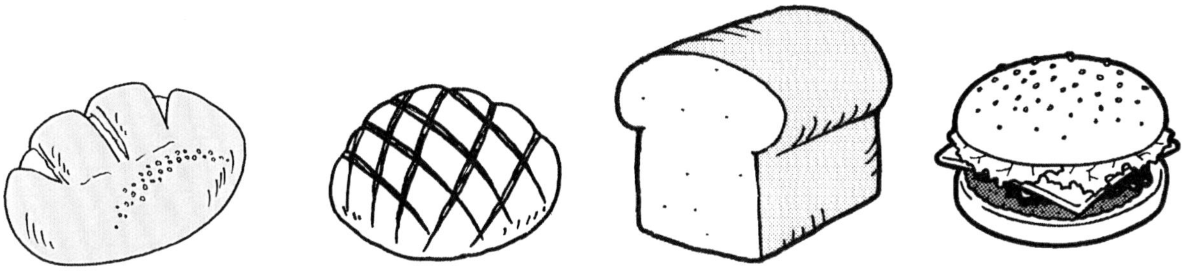

⑦

⑧

日本学習図書株式会社

問題2

①

(解答例)

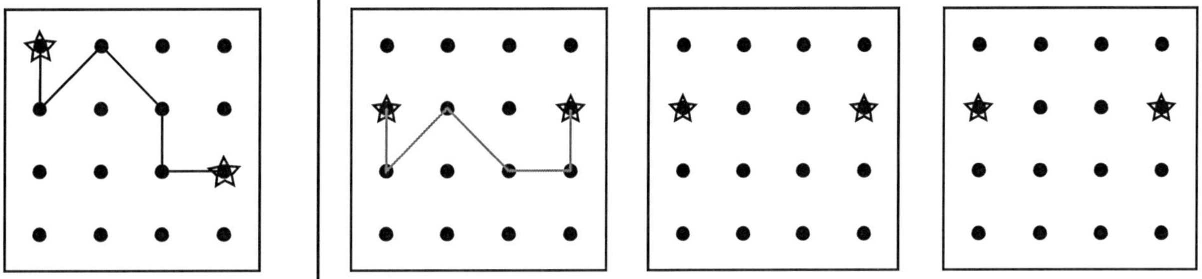

②

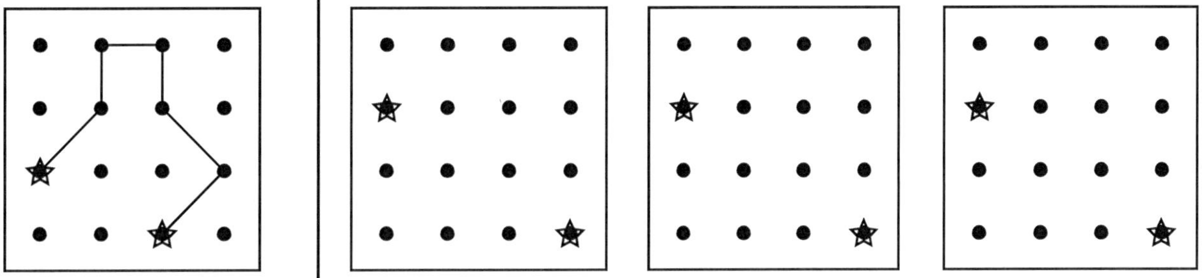

③

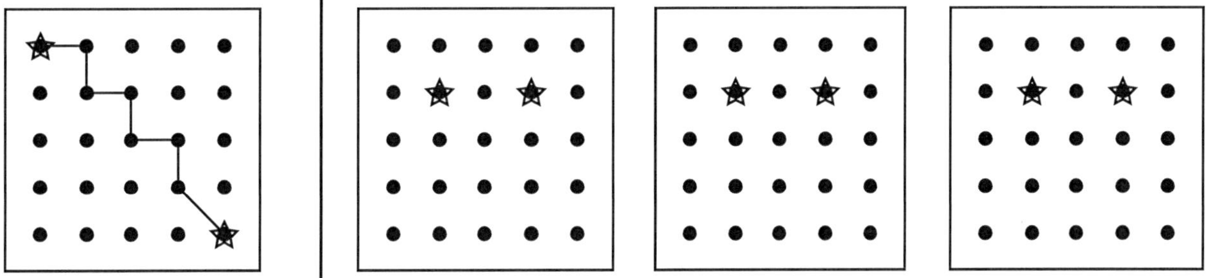

④

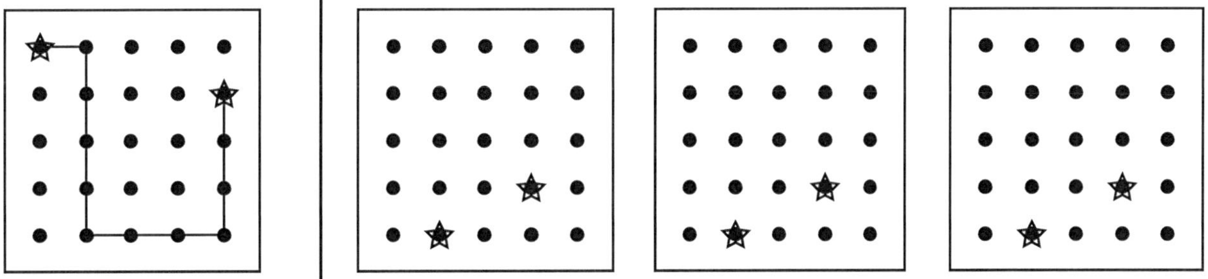

⑤

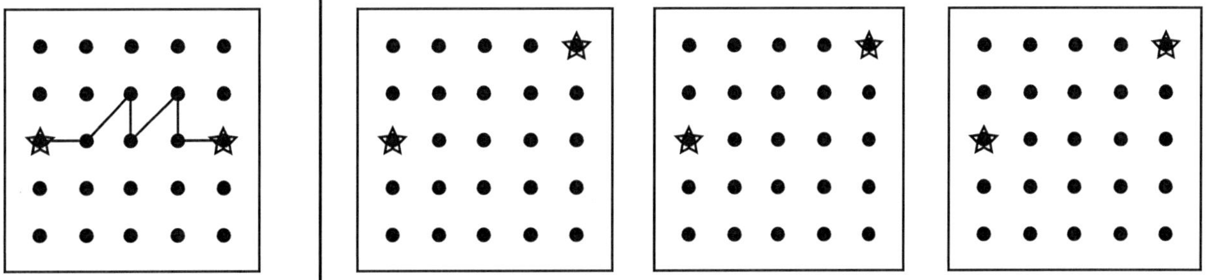

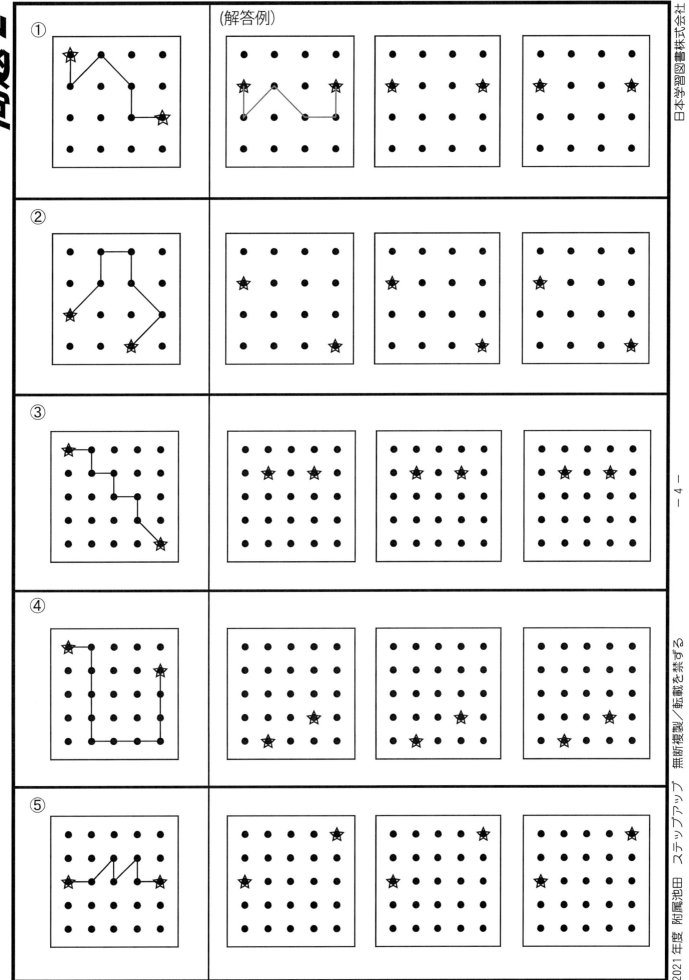

問題3

①

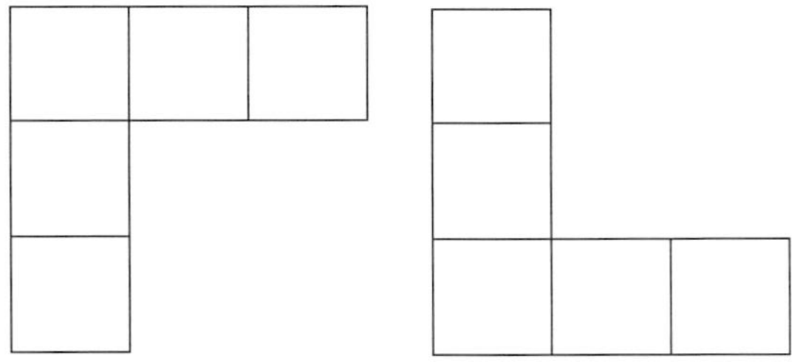

②

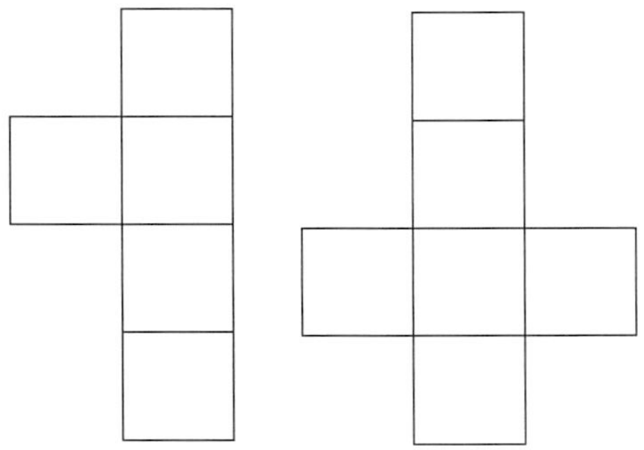

③

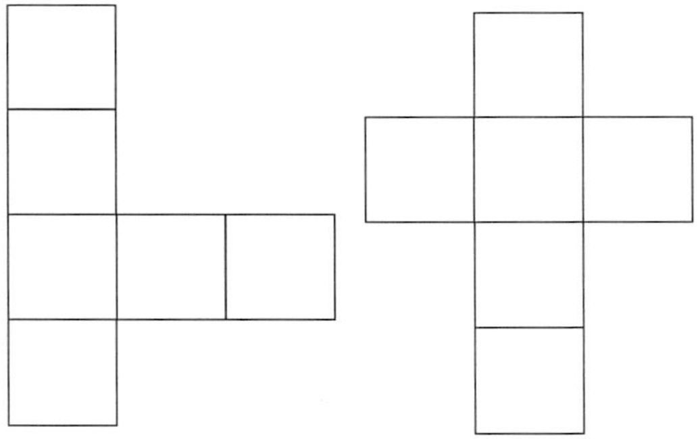

問題４－１

①

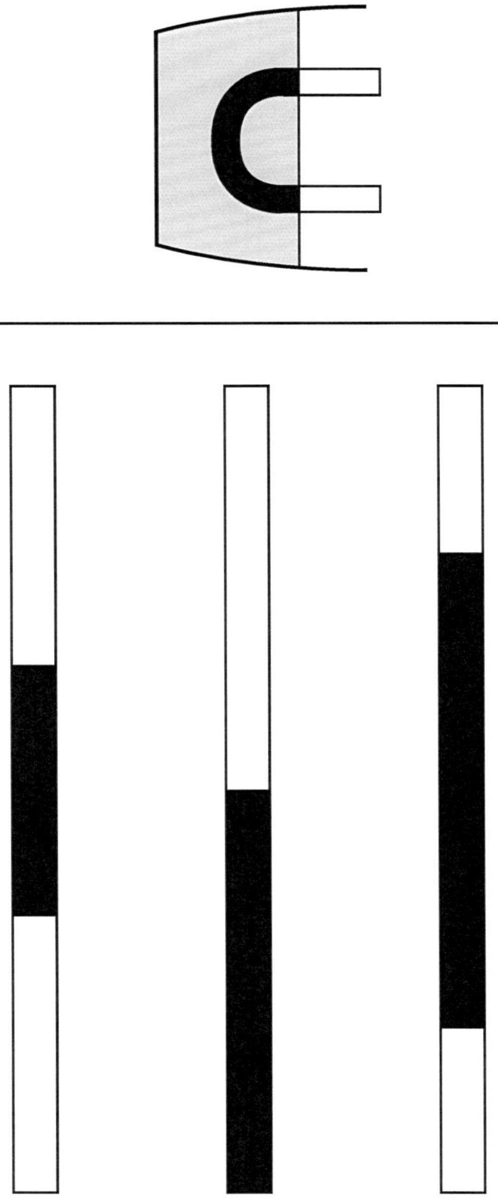

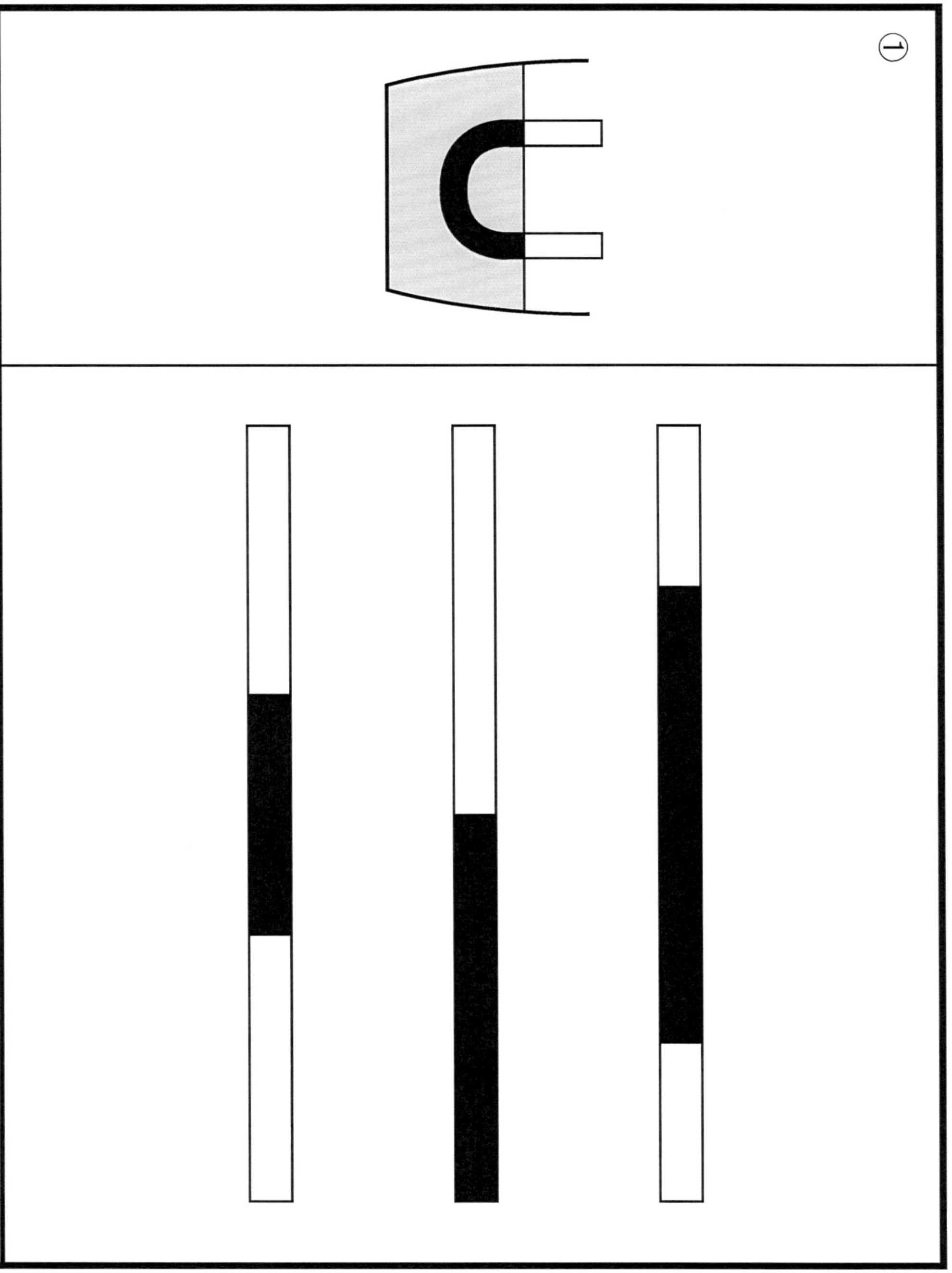

②

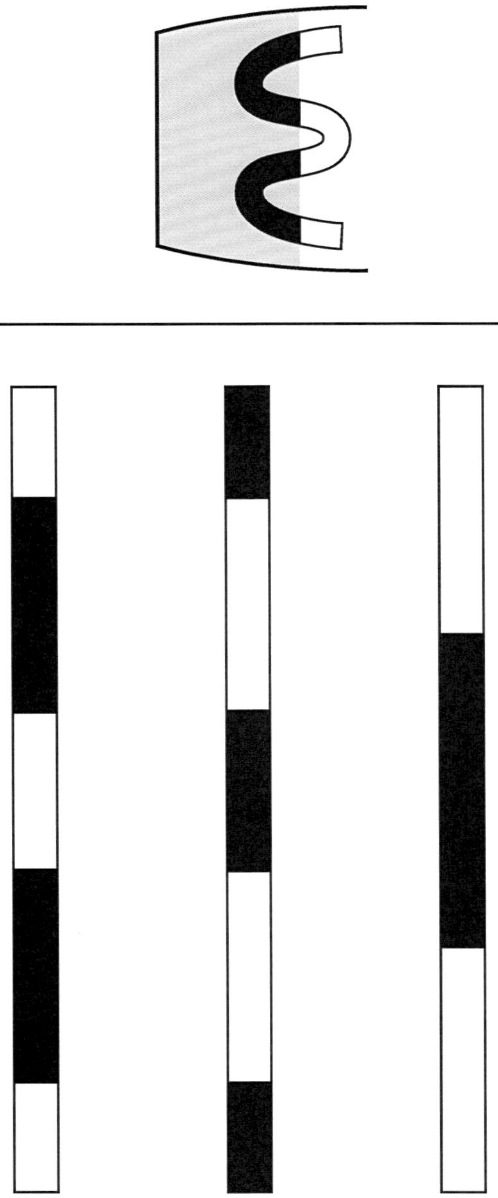

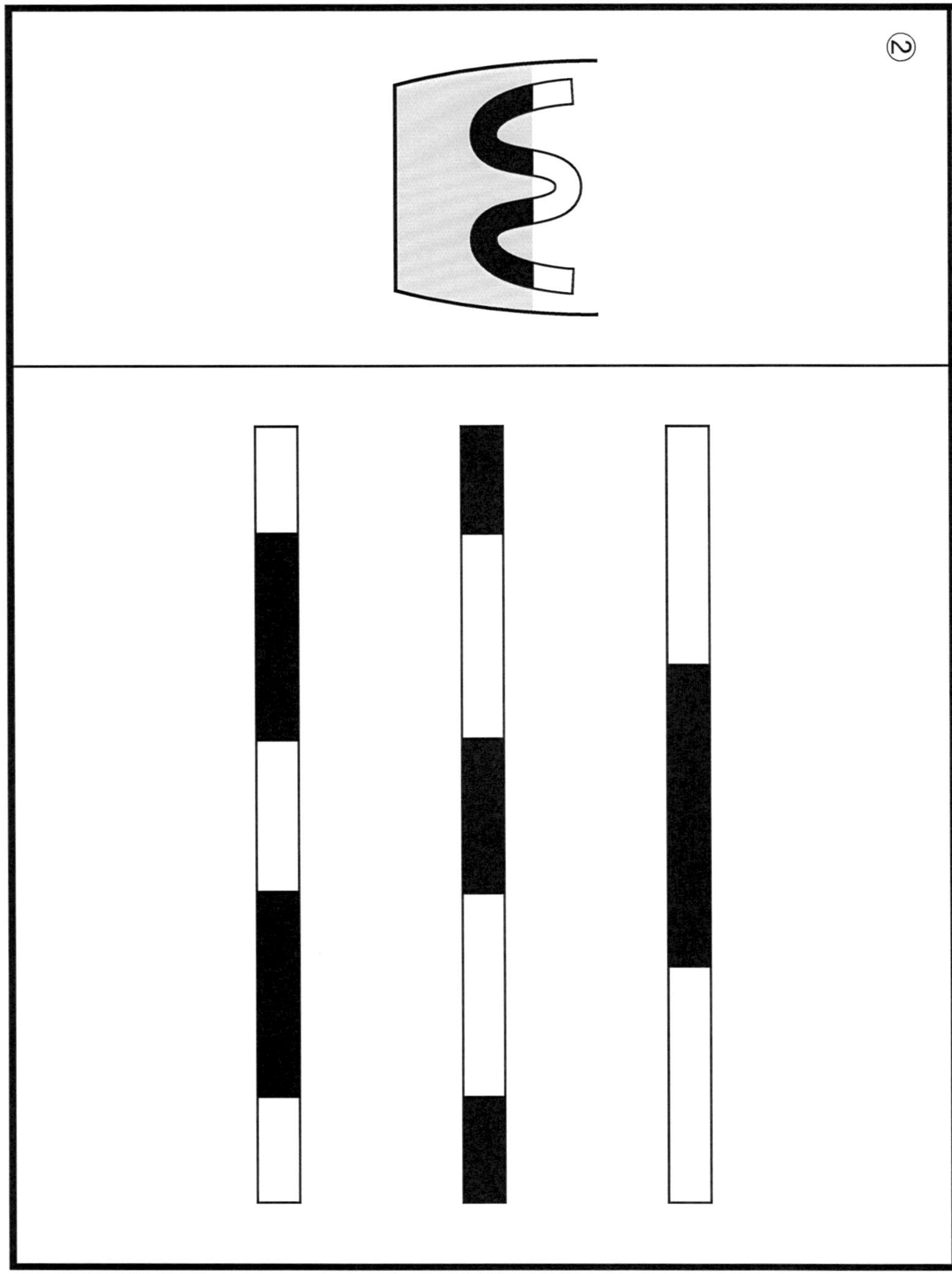

問題4－2

③

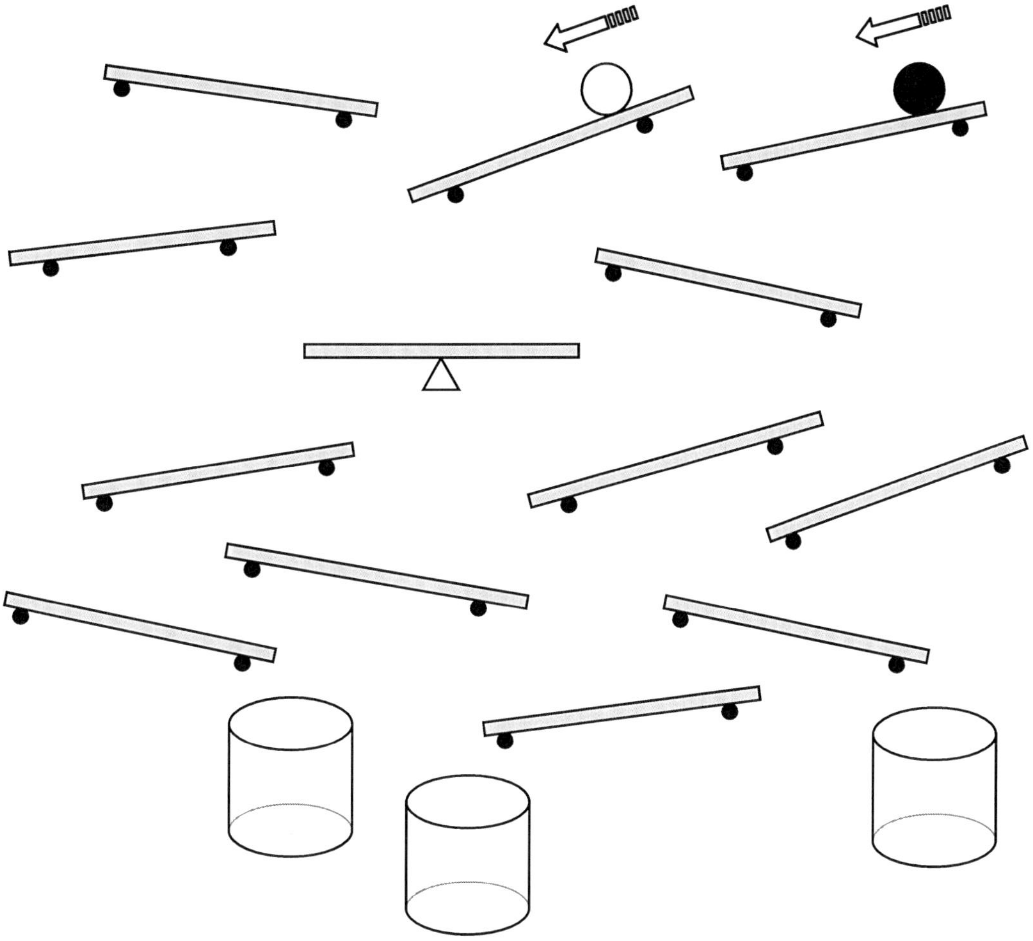

④

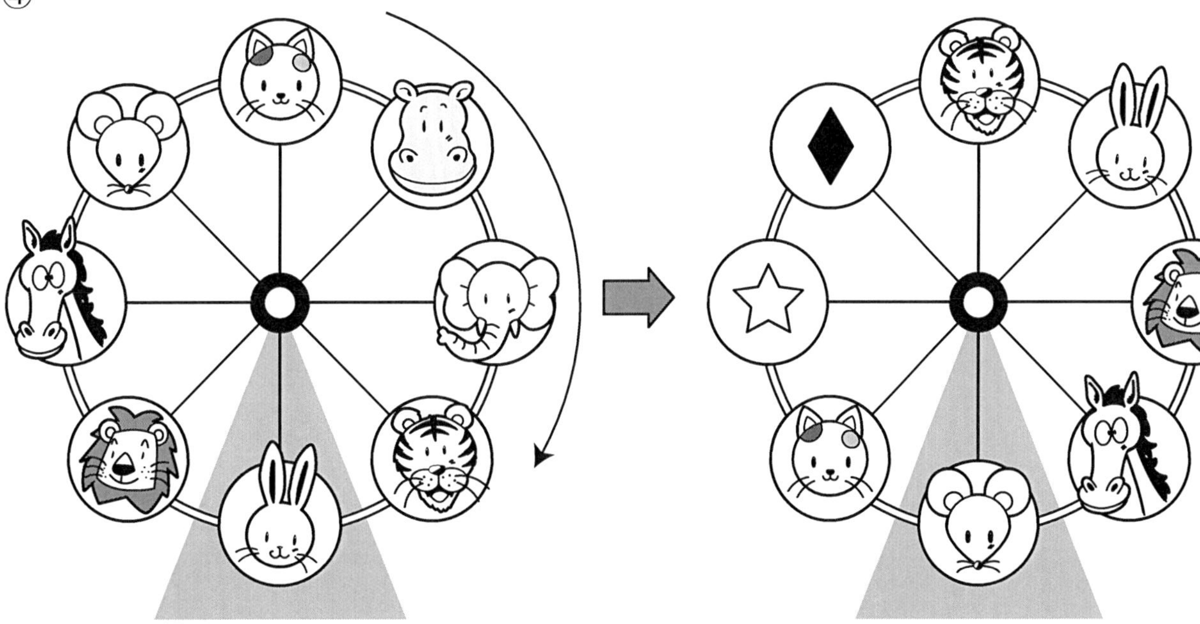

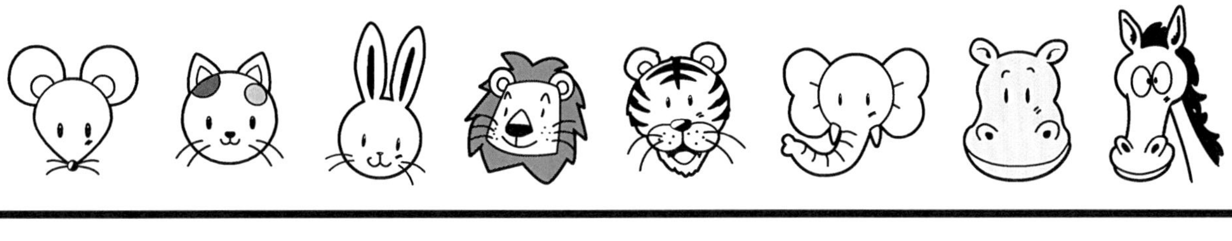

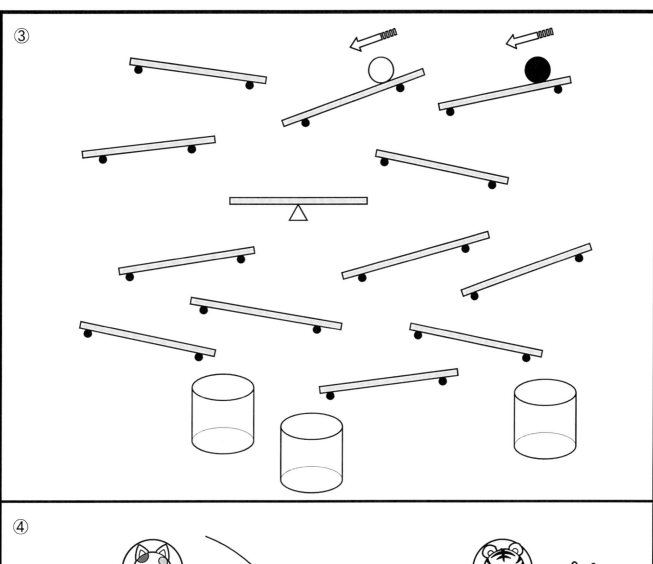

問題5

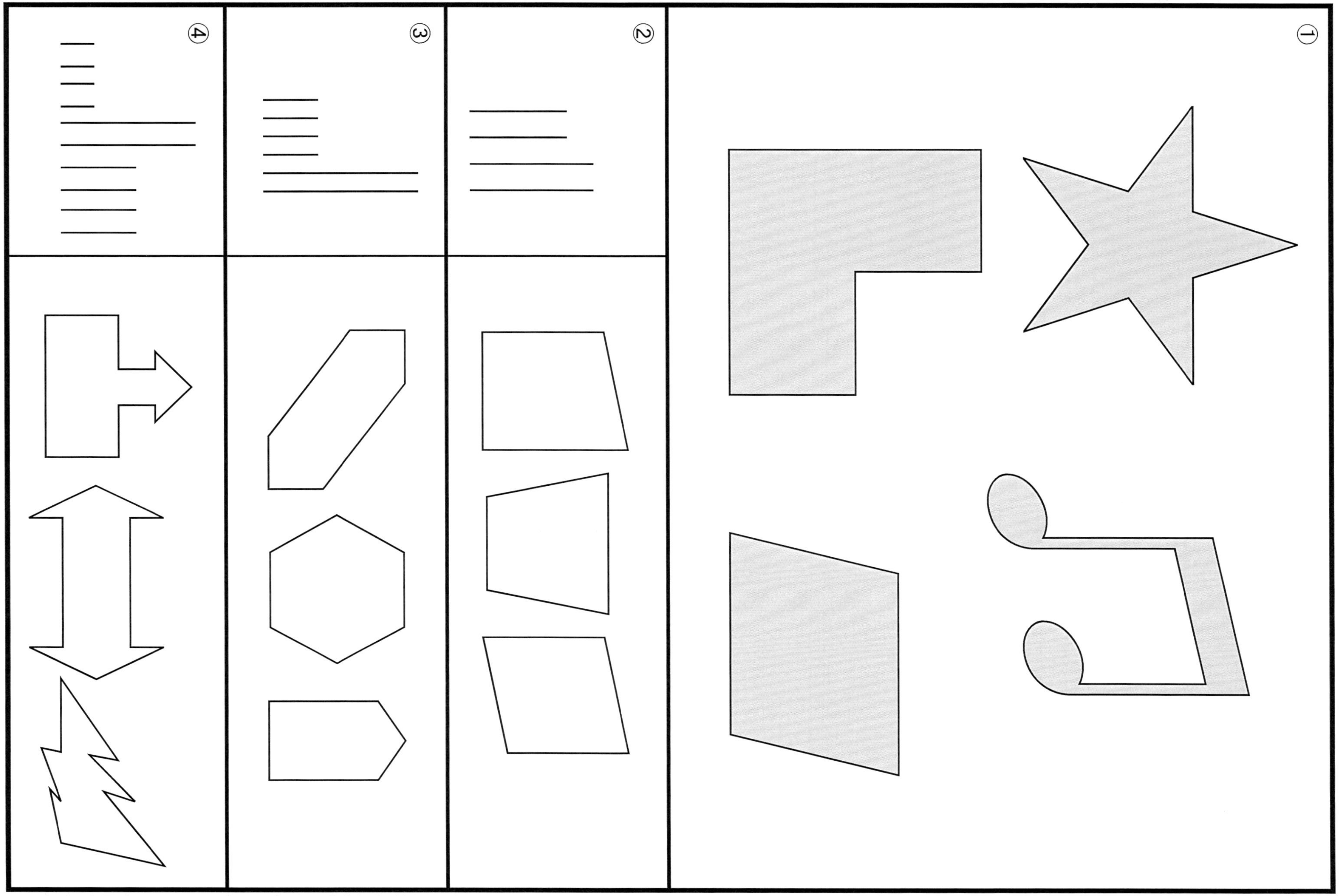

① ②

日本学習図書株式会社

2021 年度 附属池田 ステップアップ 無断複製／転載を禁ずる

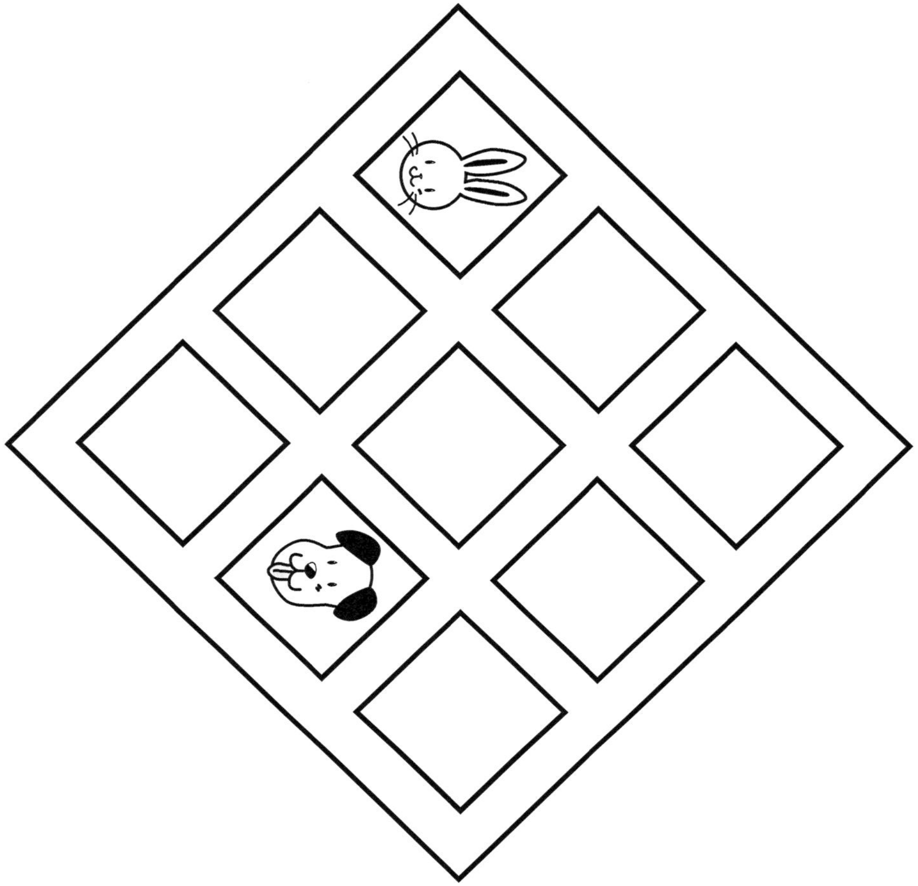

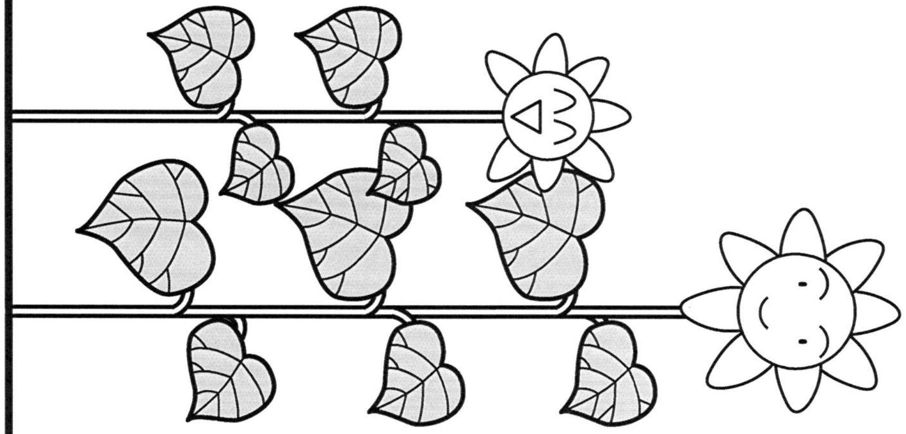

問題6－2

①

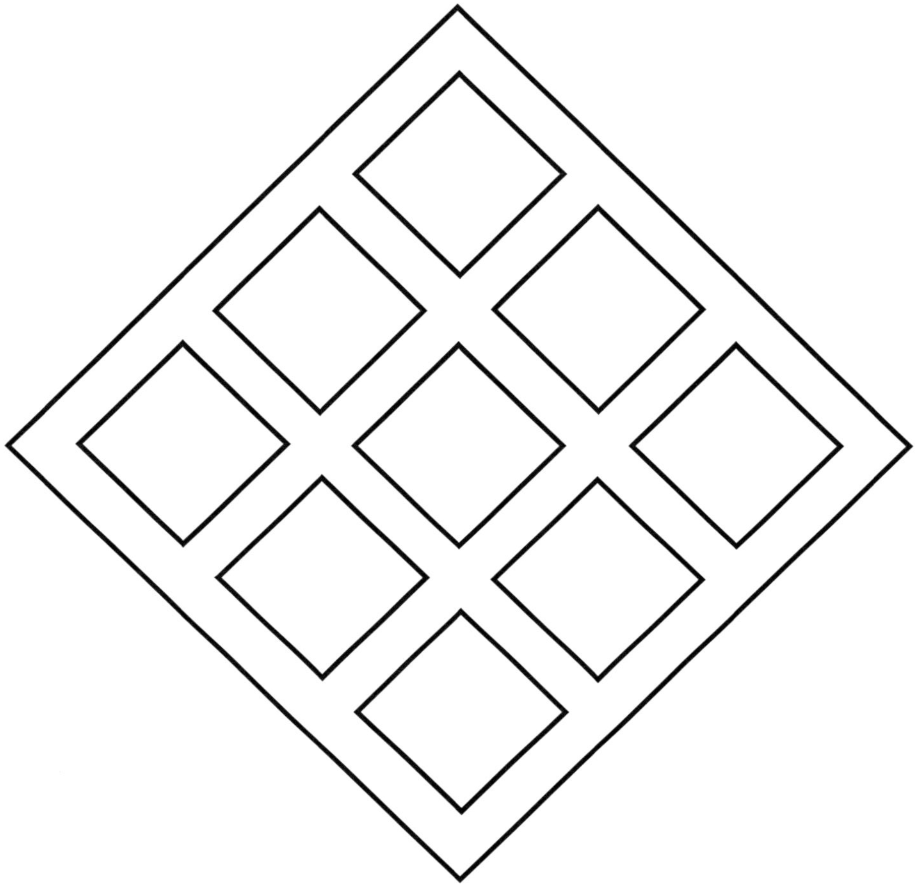

②

問題 7 - 1

②

①

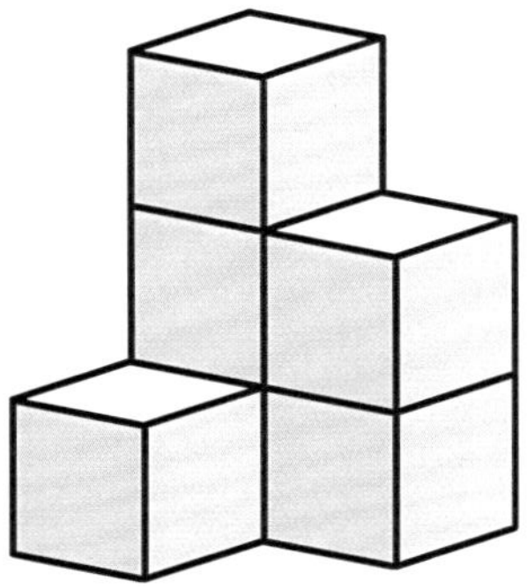

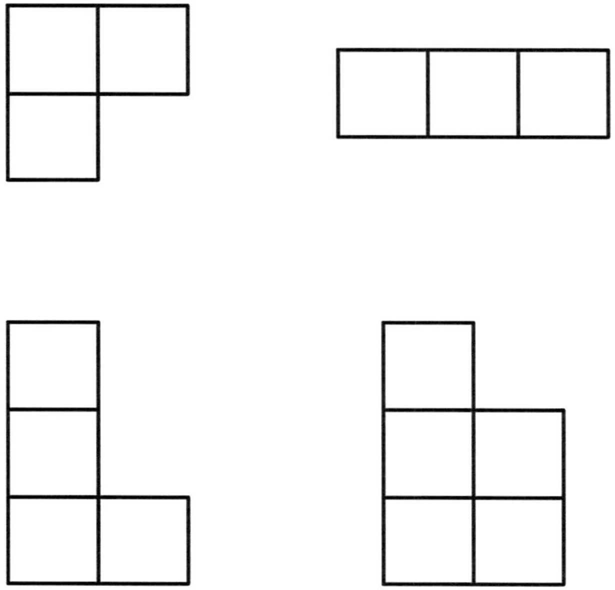

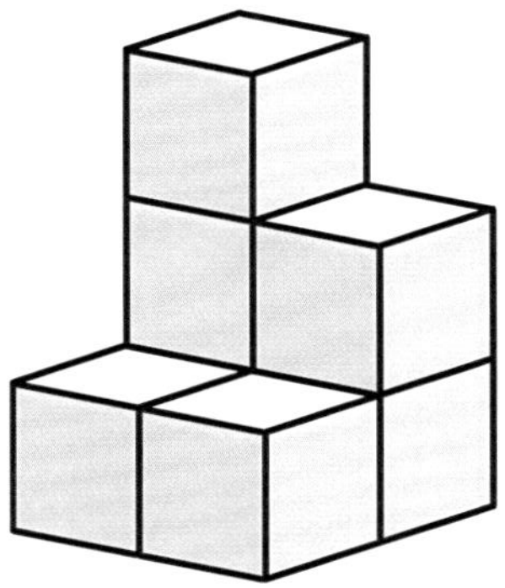

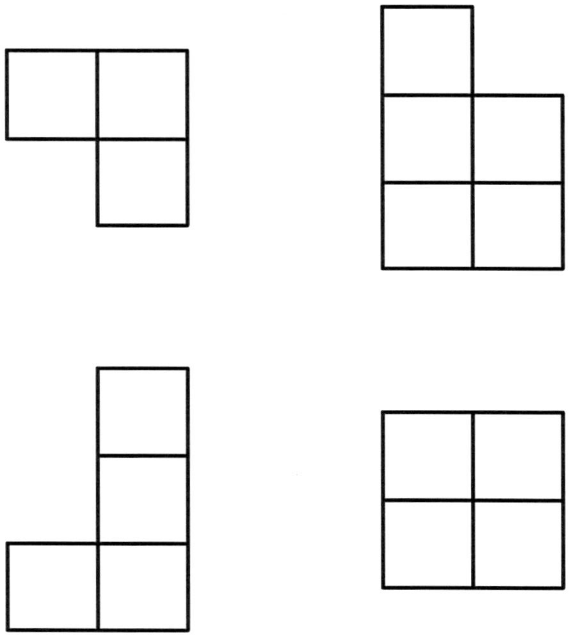

④

③

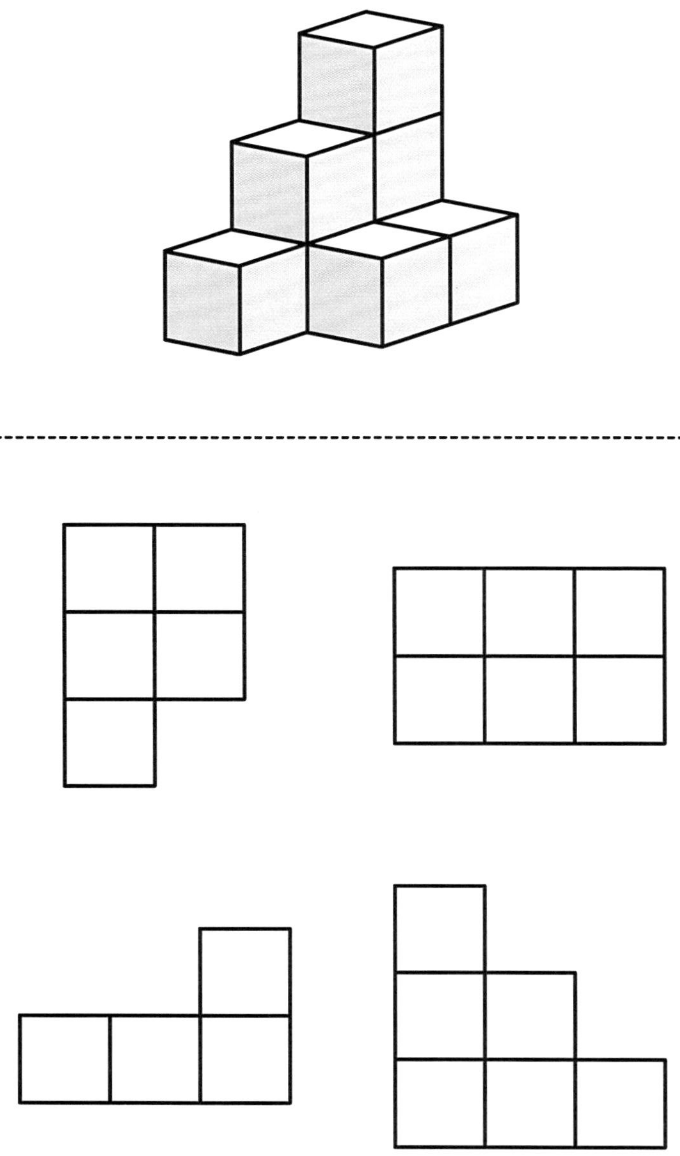

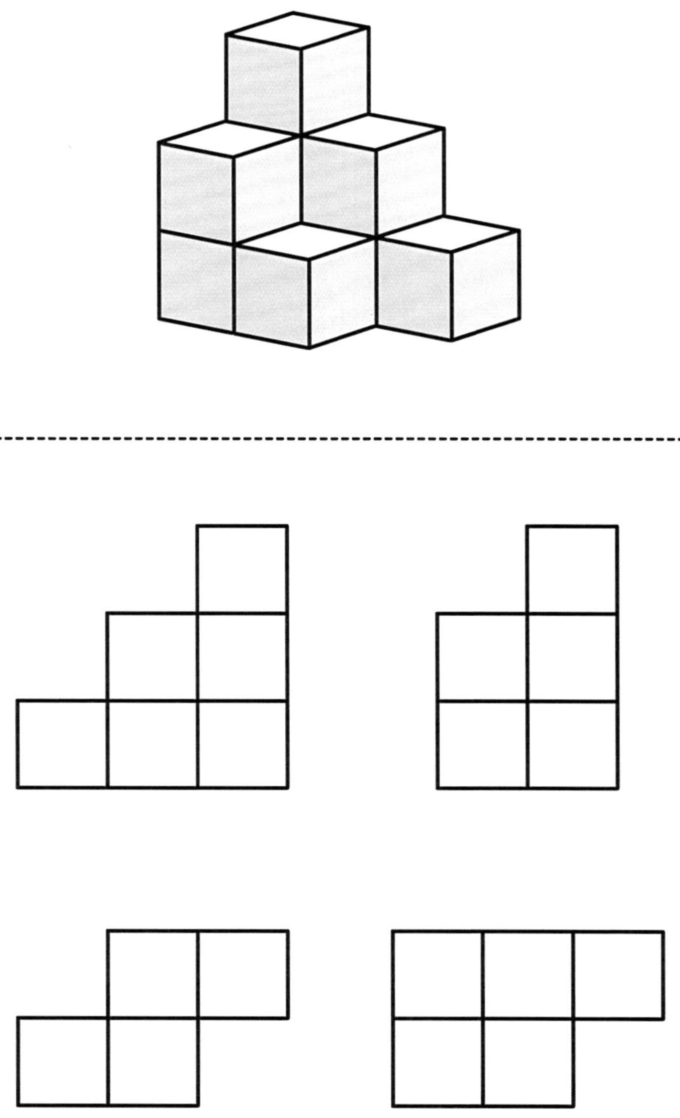

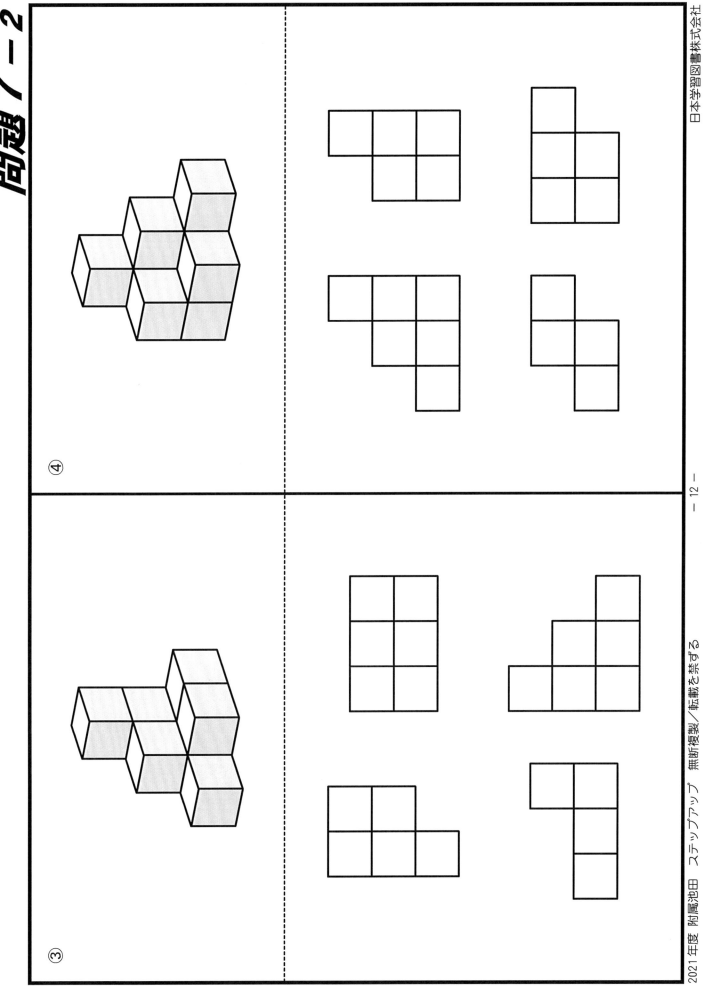

問題8－1

①

②

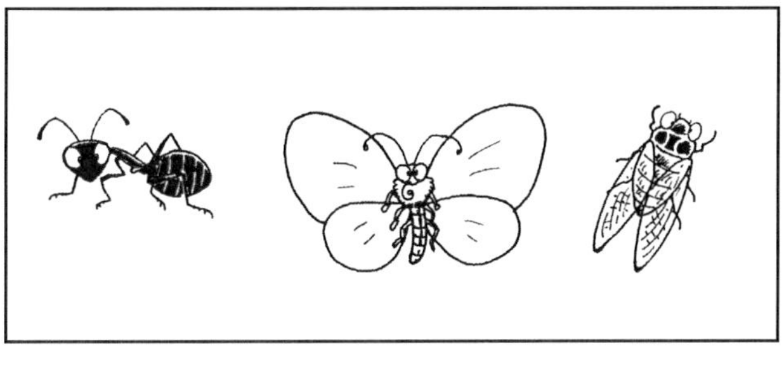

問題8－2

③

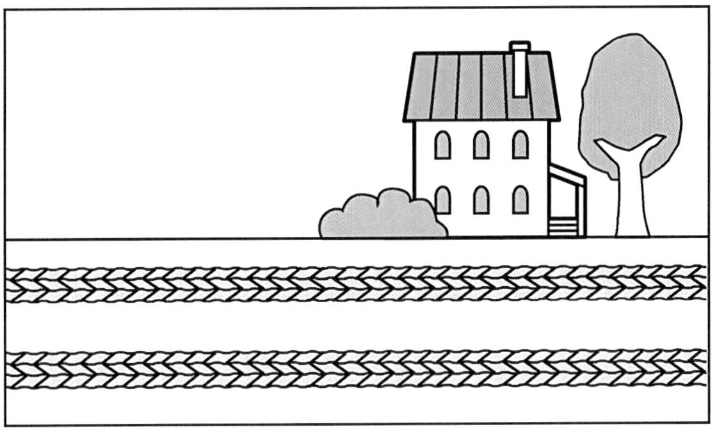

④

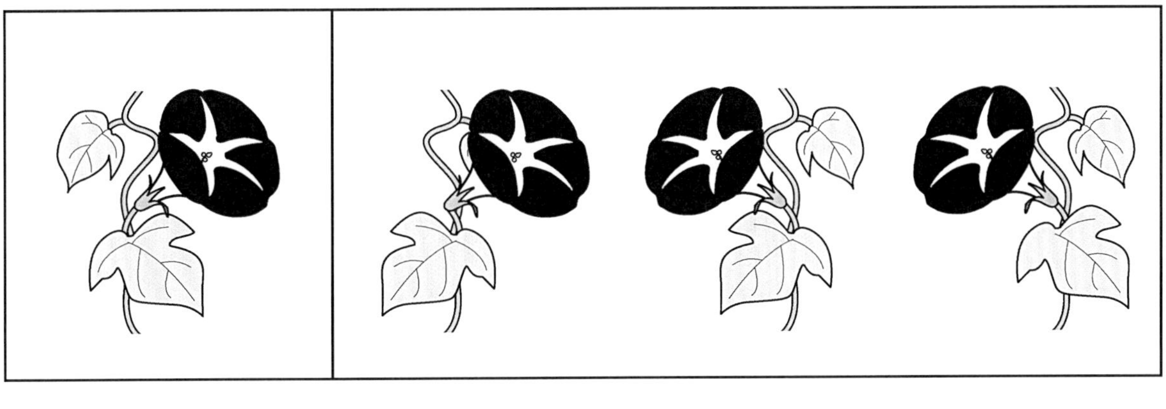

問題 9

②

①

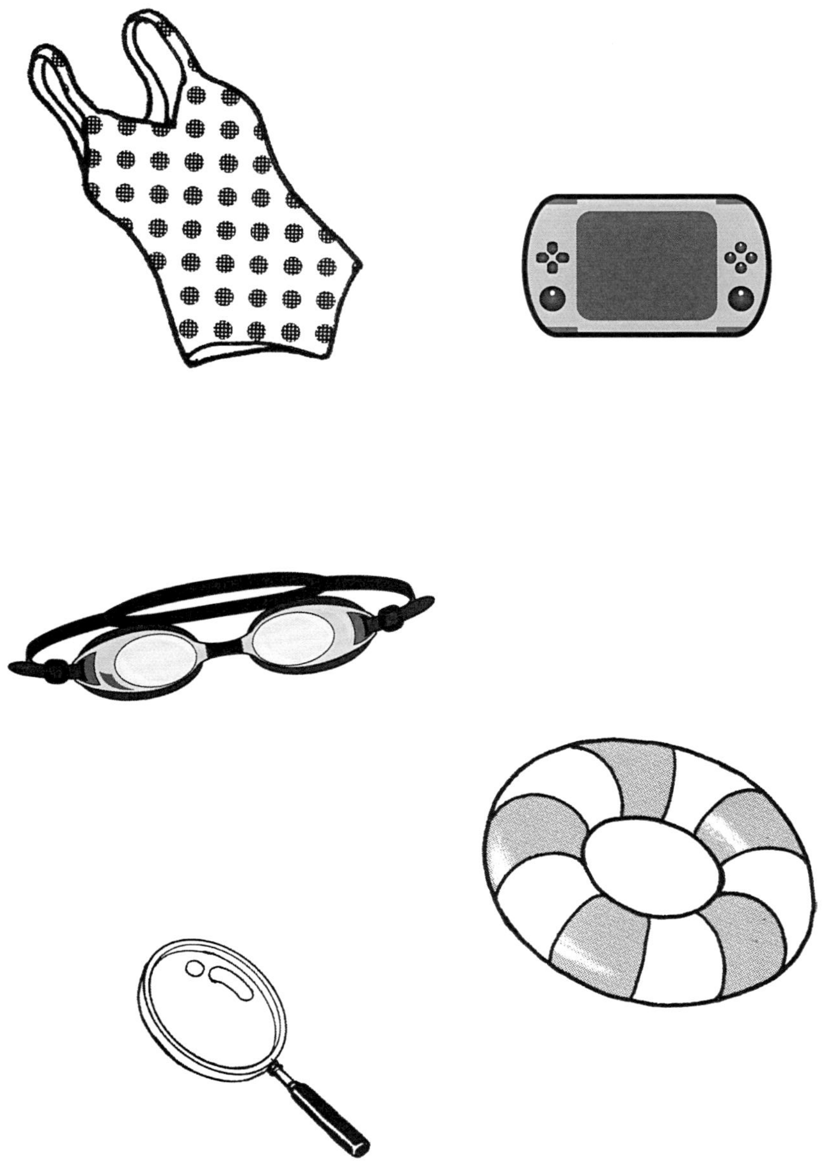

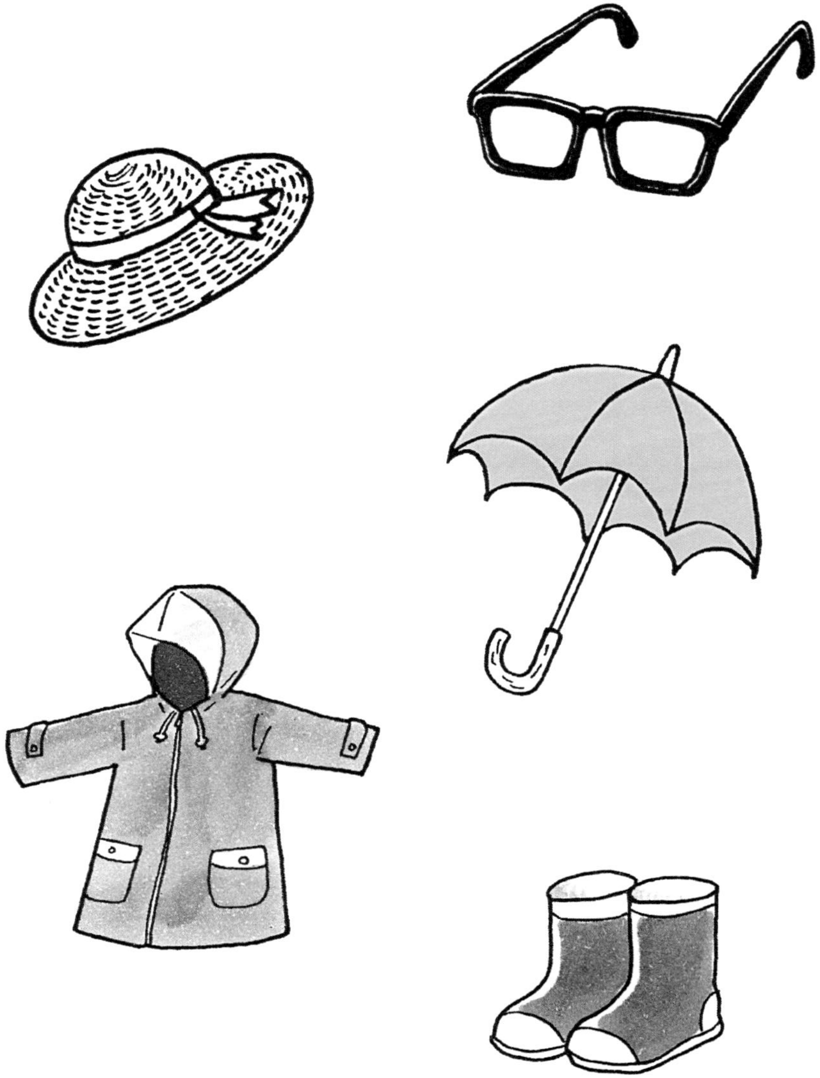

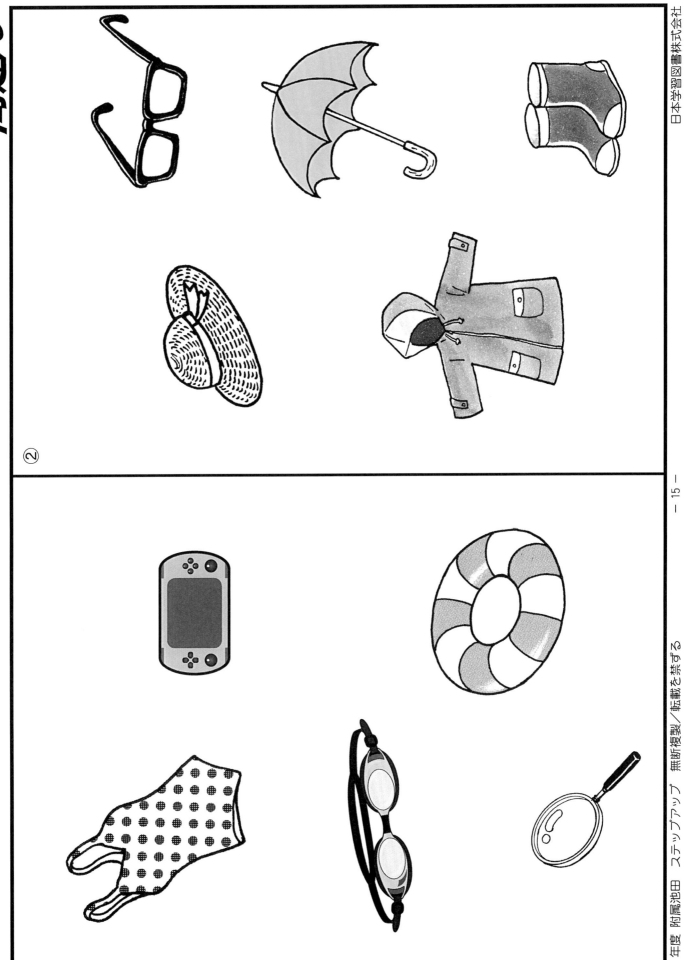

問題１０

【参考図】

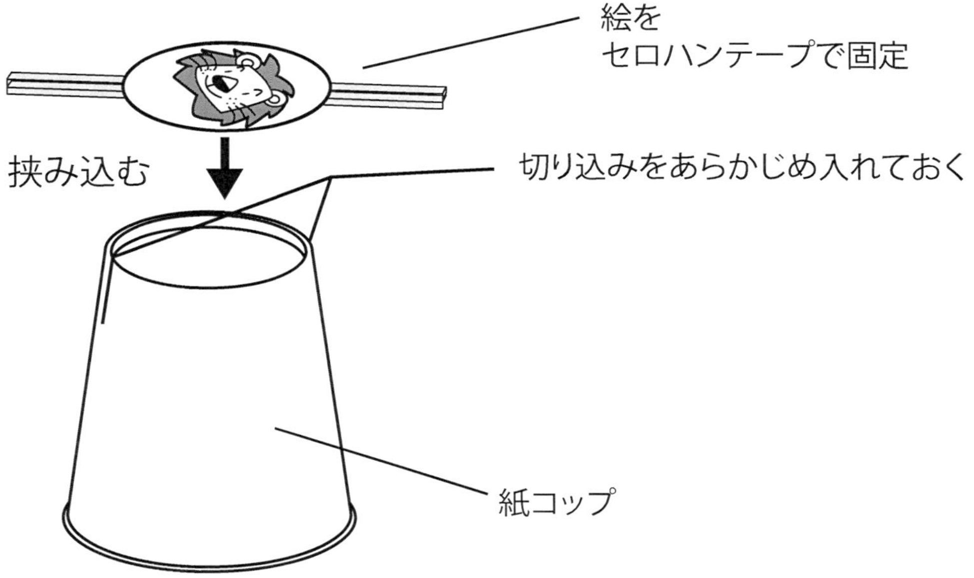

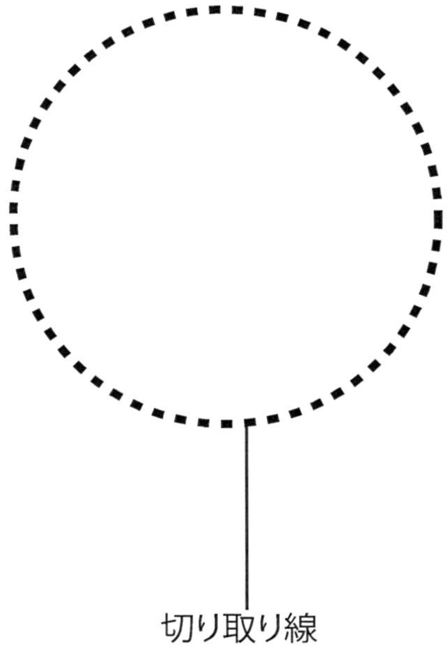

2021 年度 附属池田 ステップアップ 無断複製／転載を禁ずる　日本学習図書株式会社

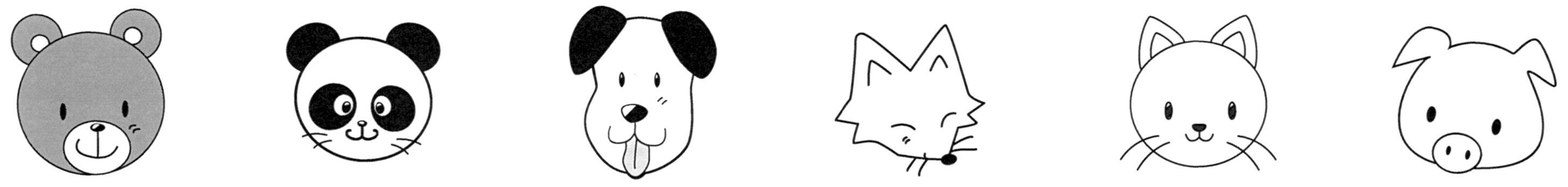

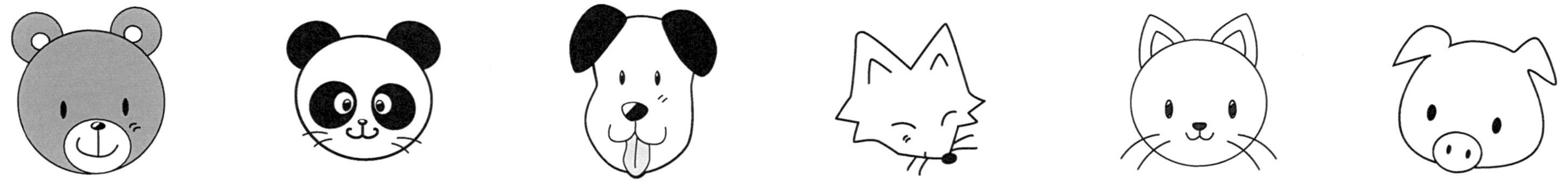

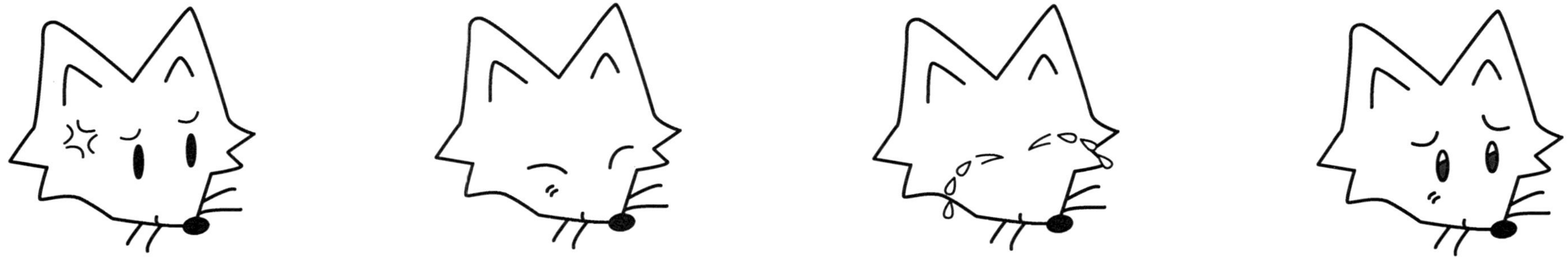

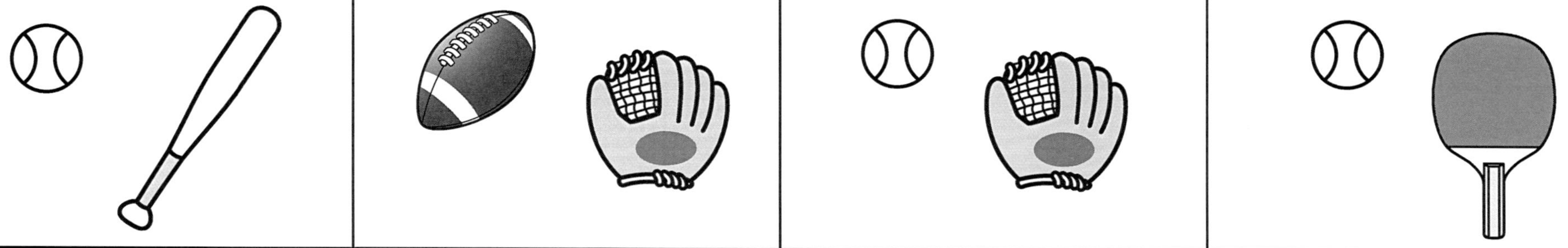

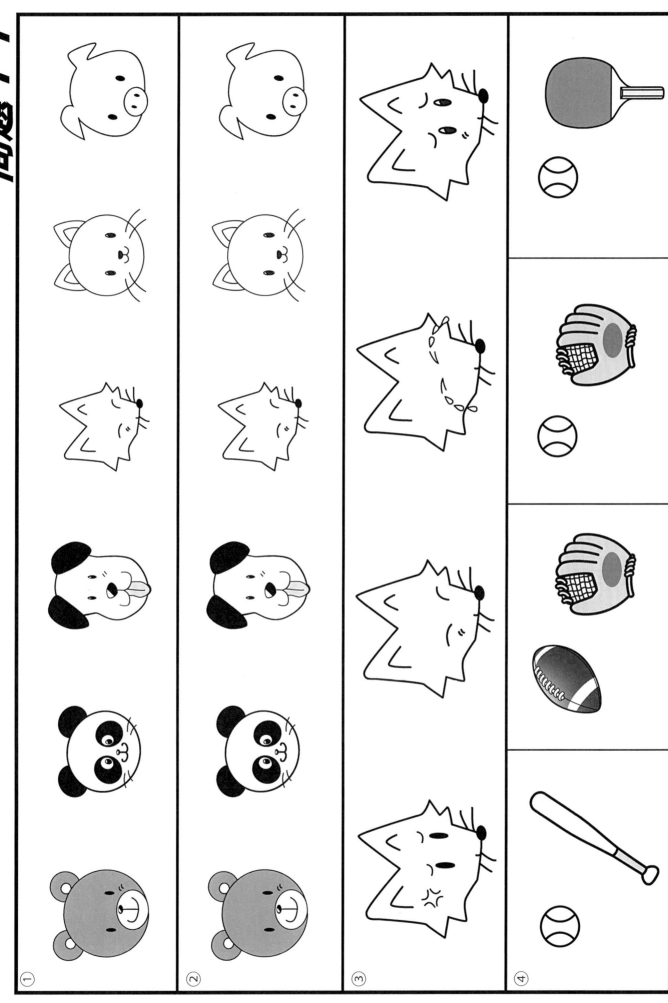

2021年度 附属池田 ステップアップ 無断複製／転載を禁ずる 日本学習図書株式会社

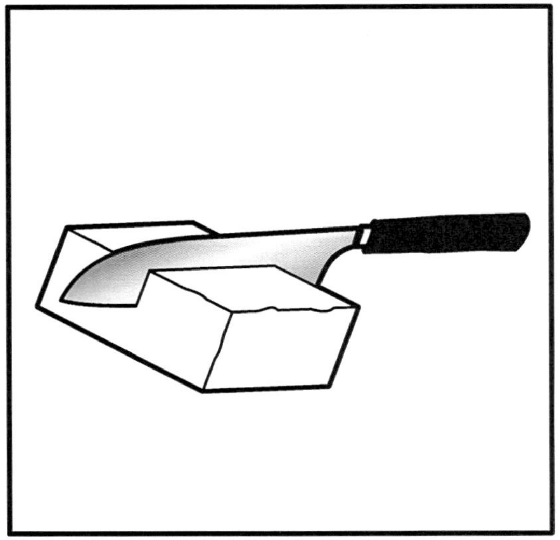

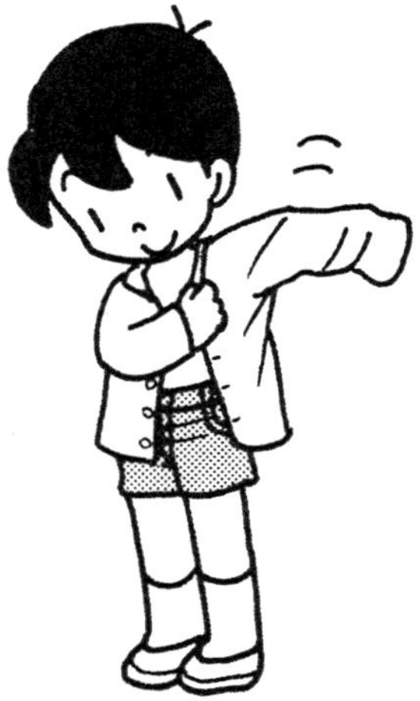

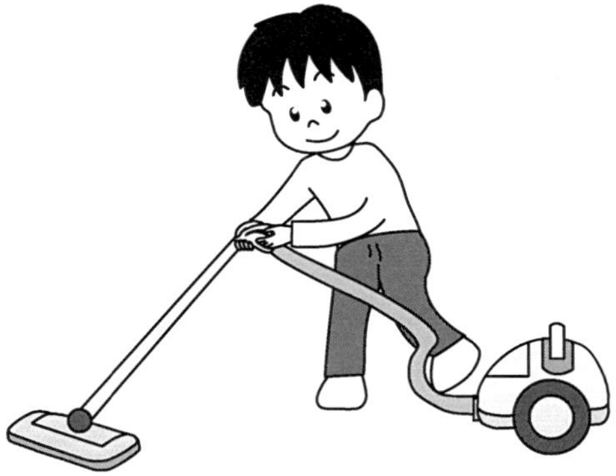

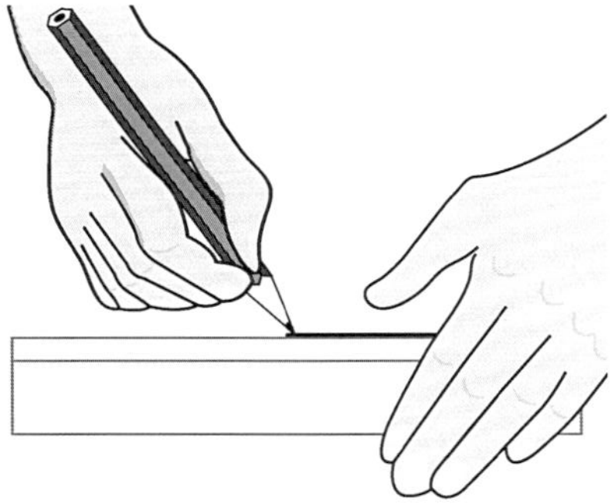

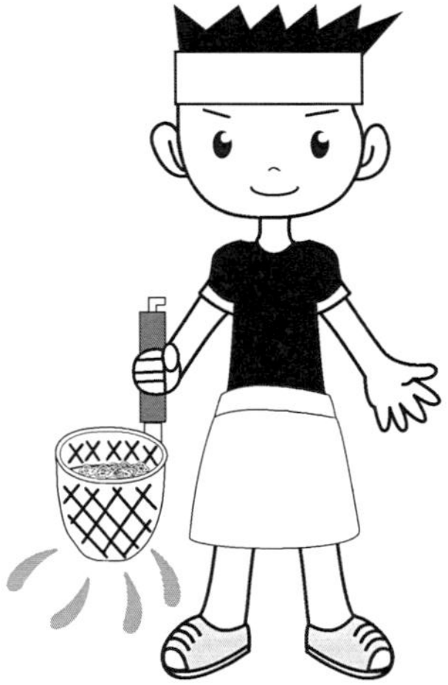

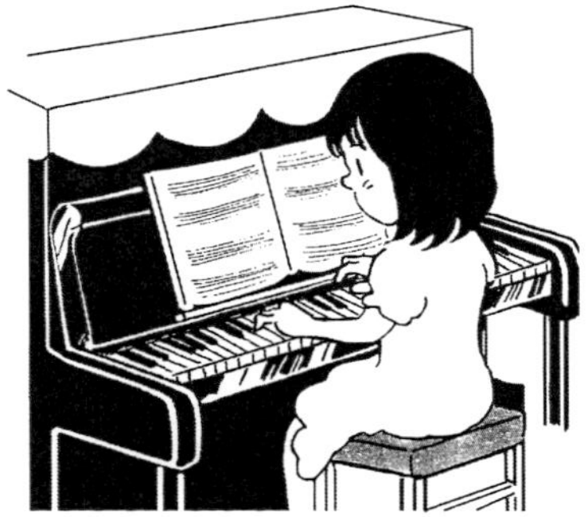

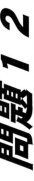

問題13

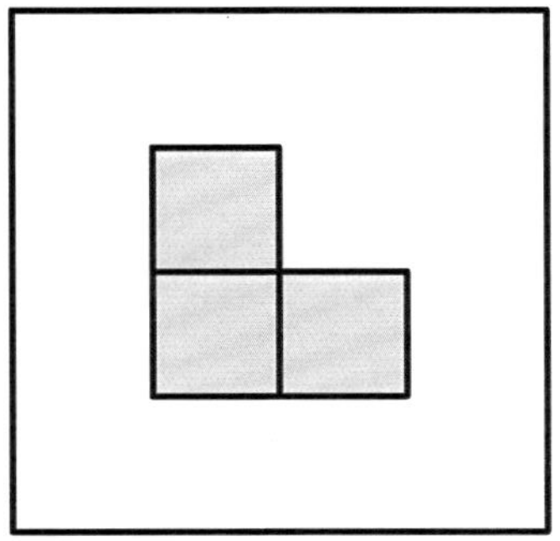

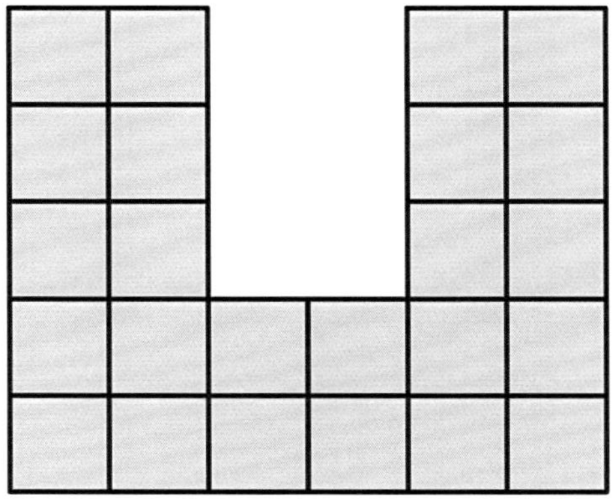

問題１４

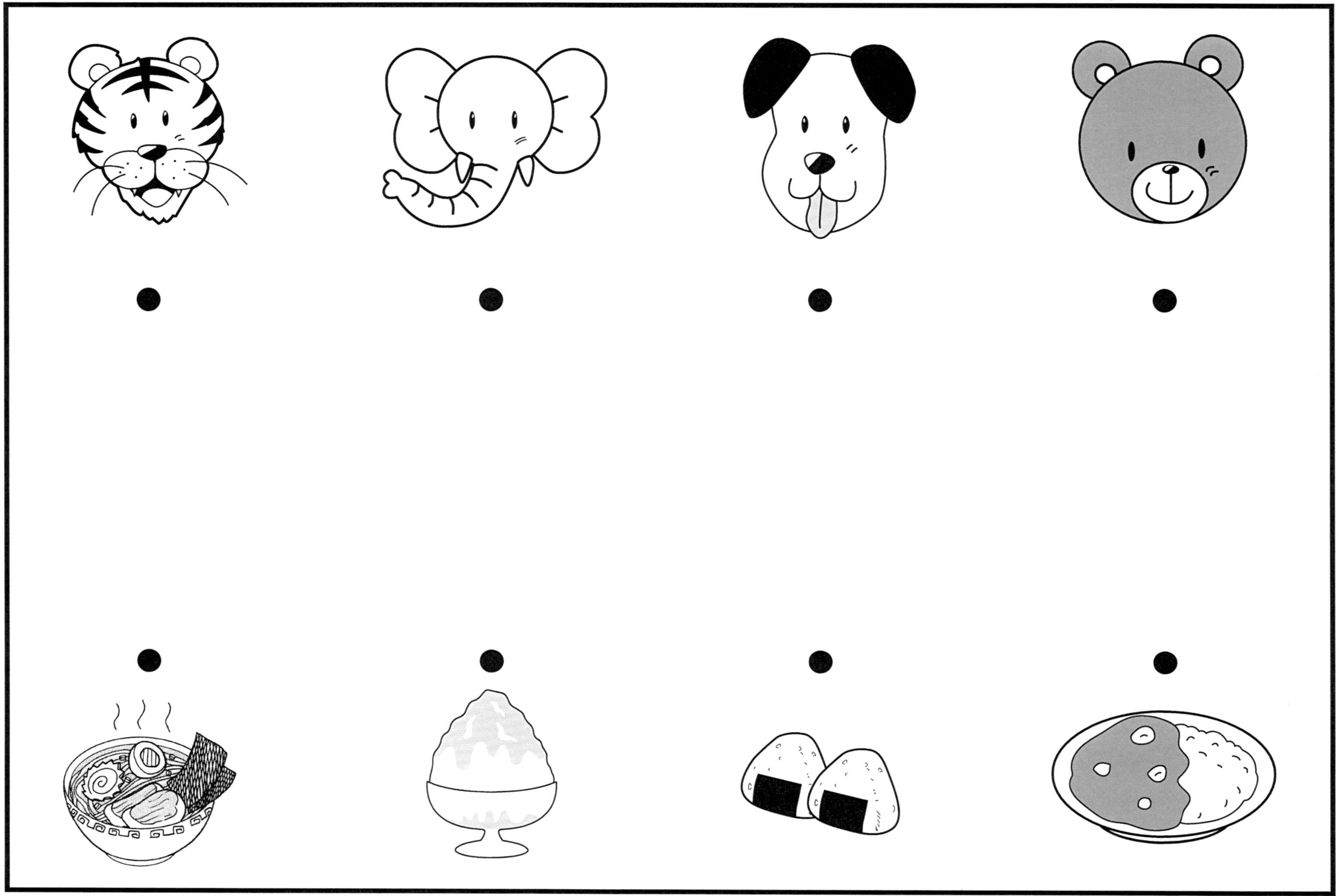

問題１５

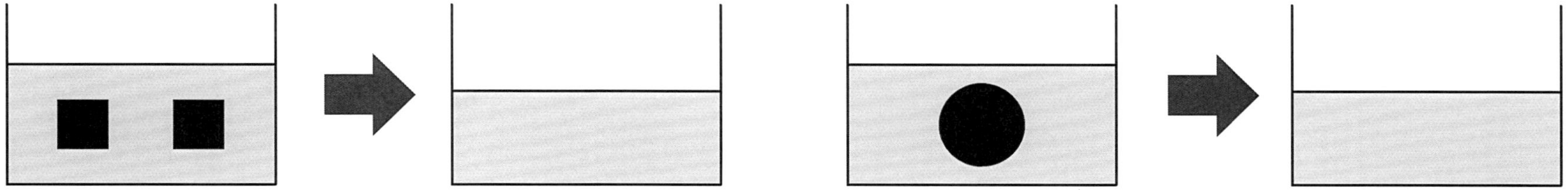

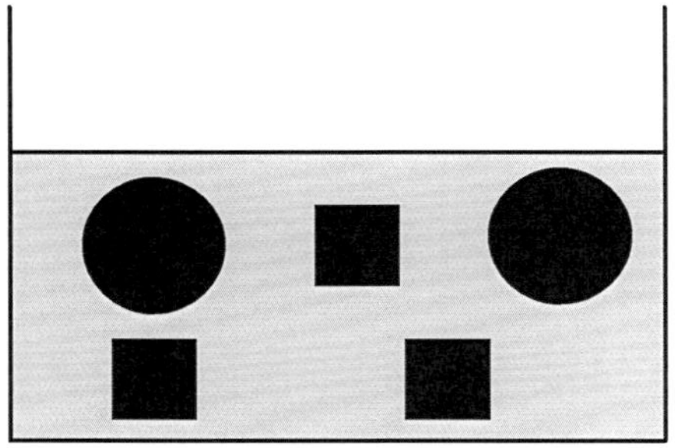

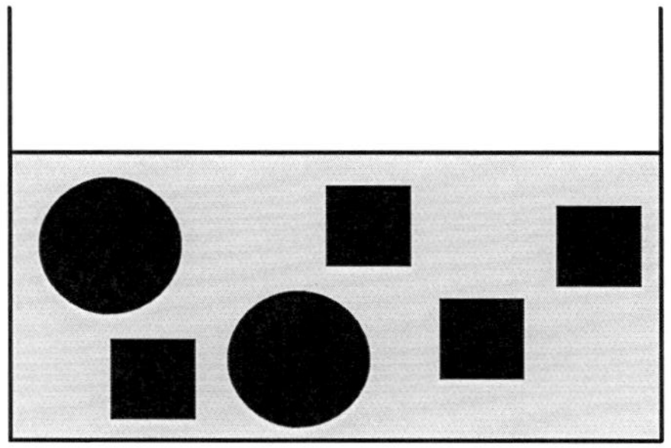

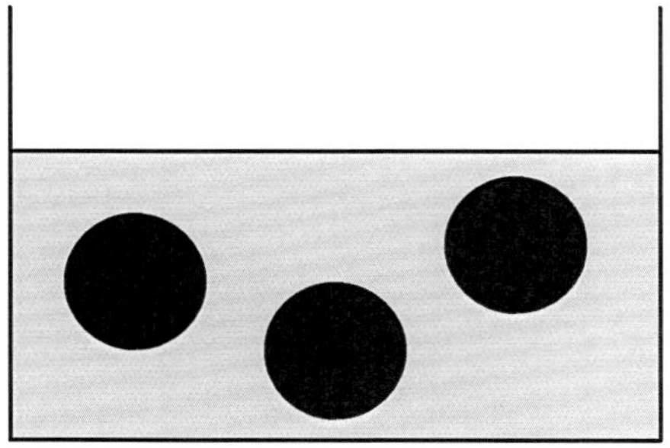

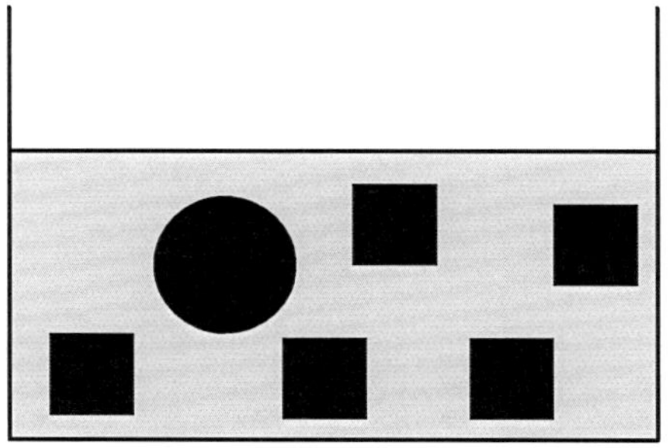

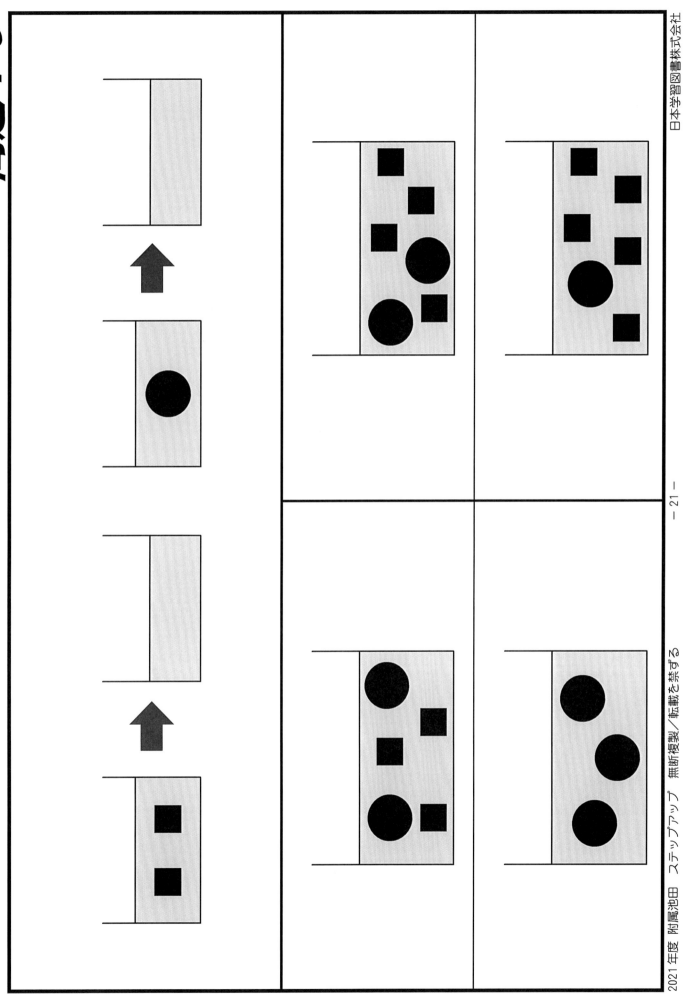

問題１６

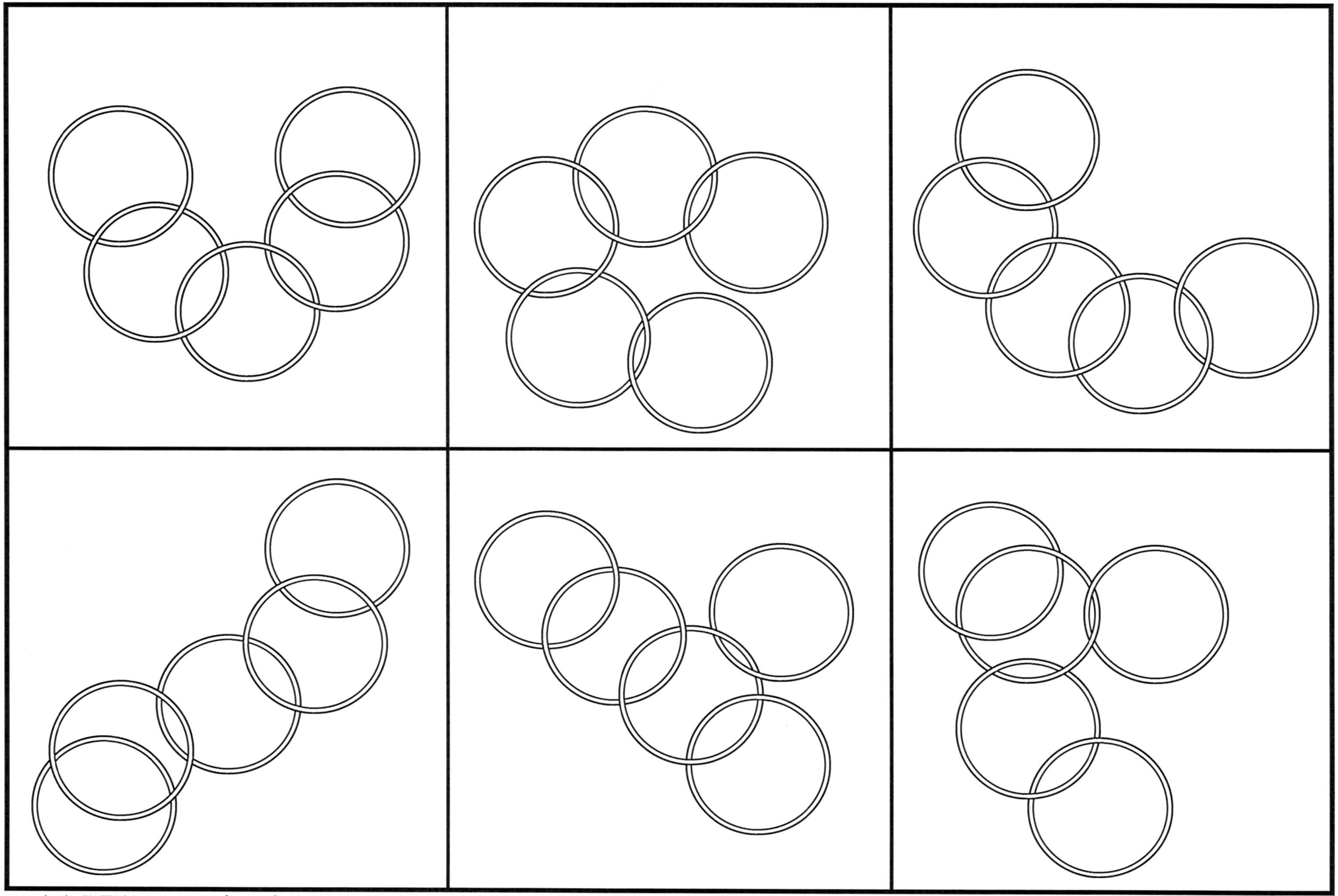

2021年度 附属池田 ステップアップ 無断複製／転載を禁ずる　日本学習図書株式会社

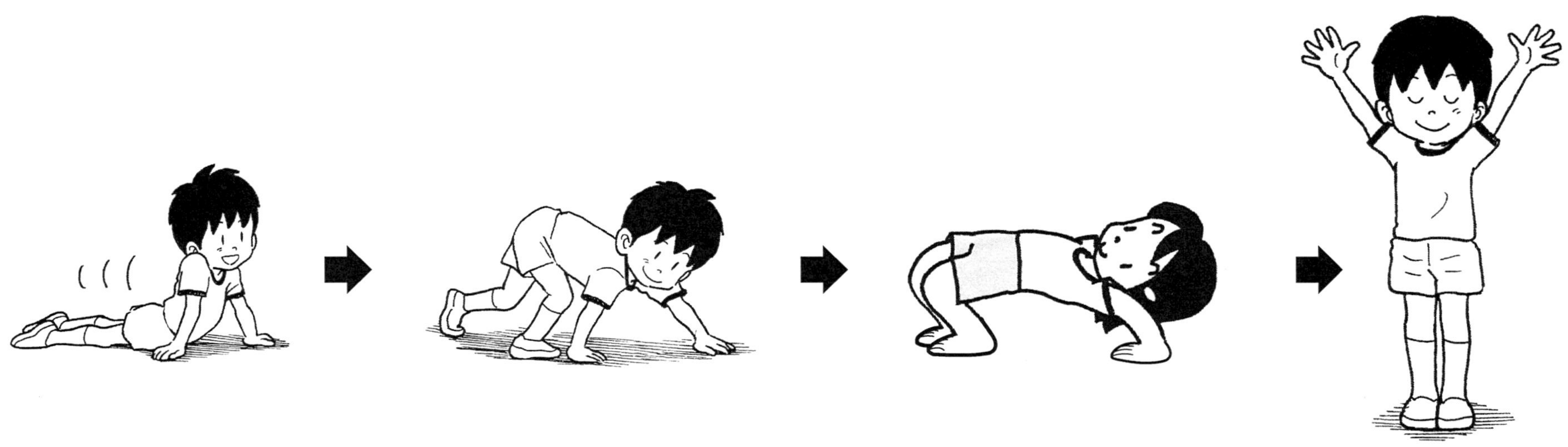

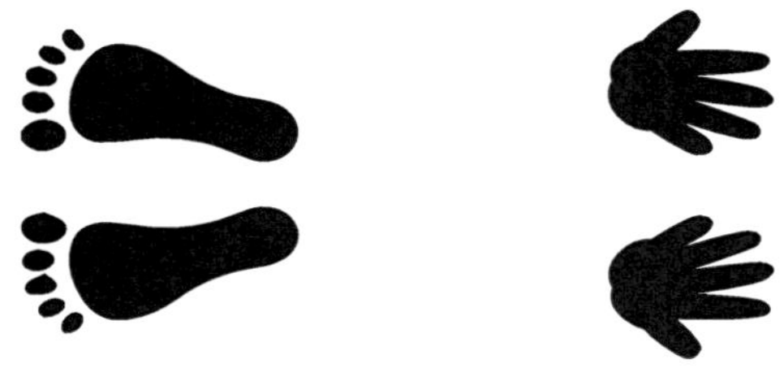

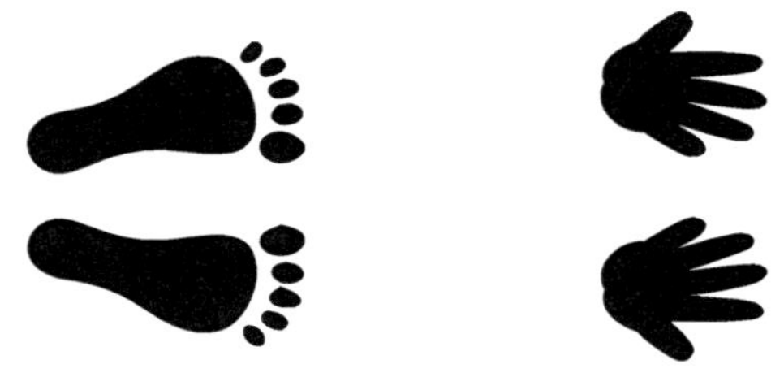

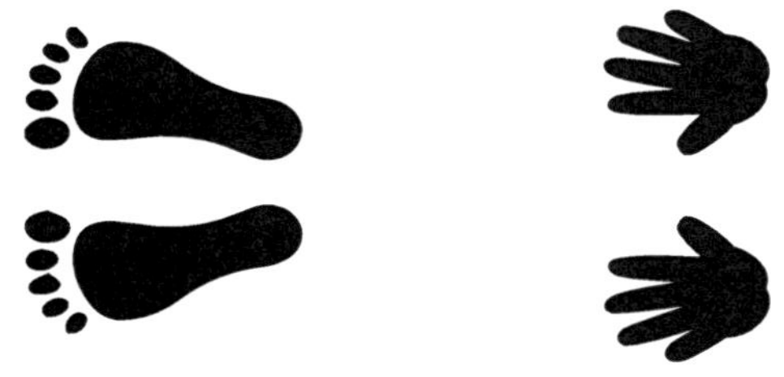

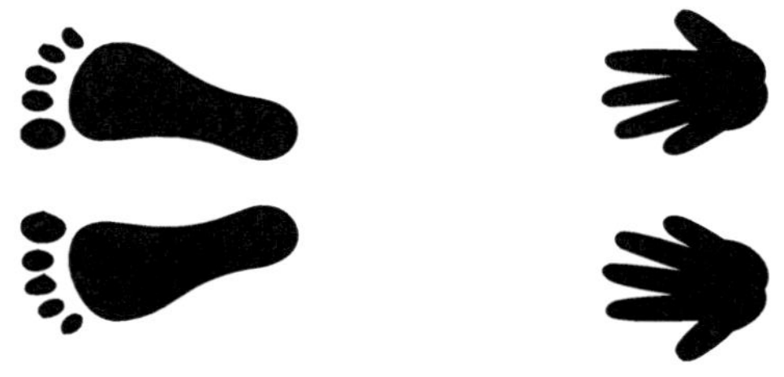

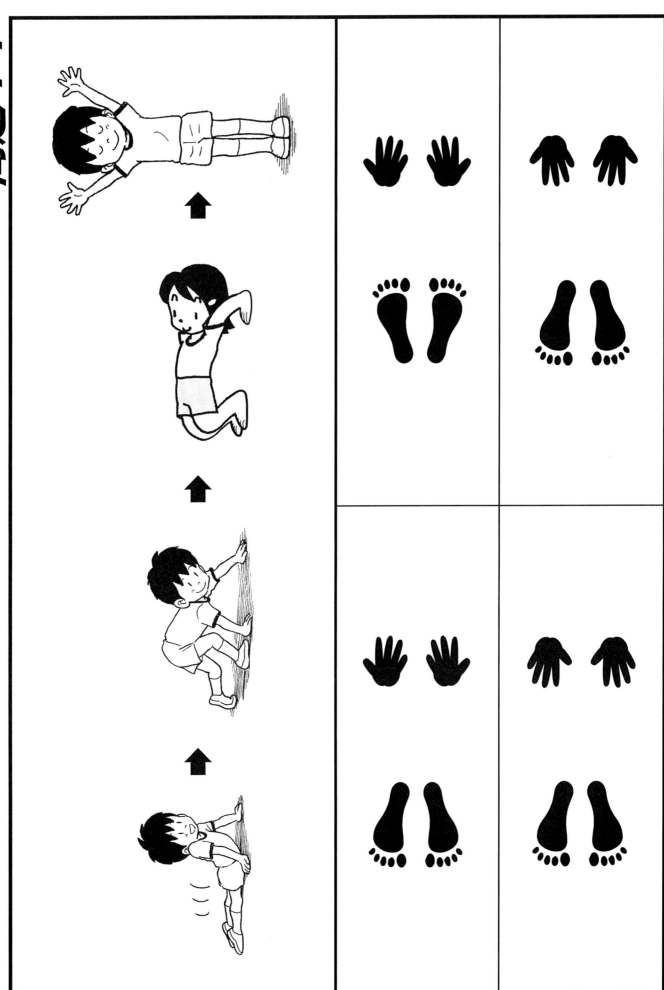

問題18

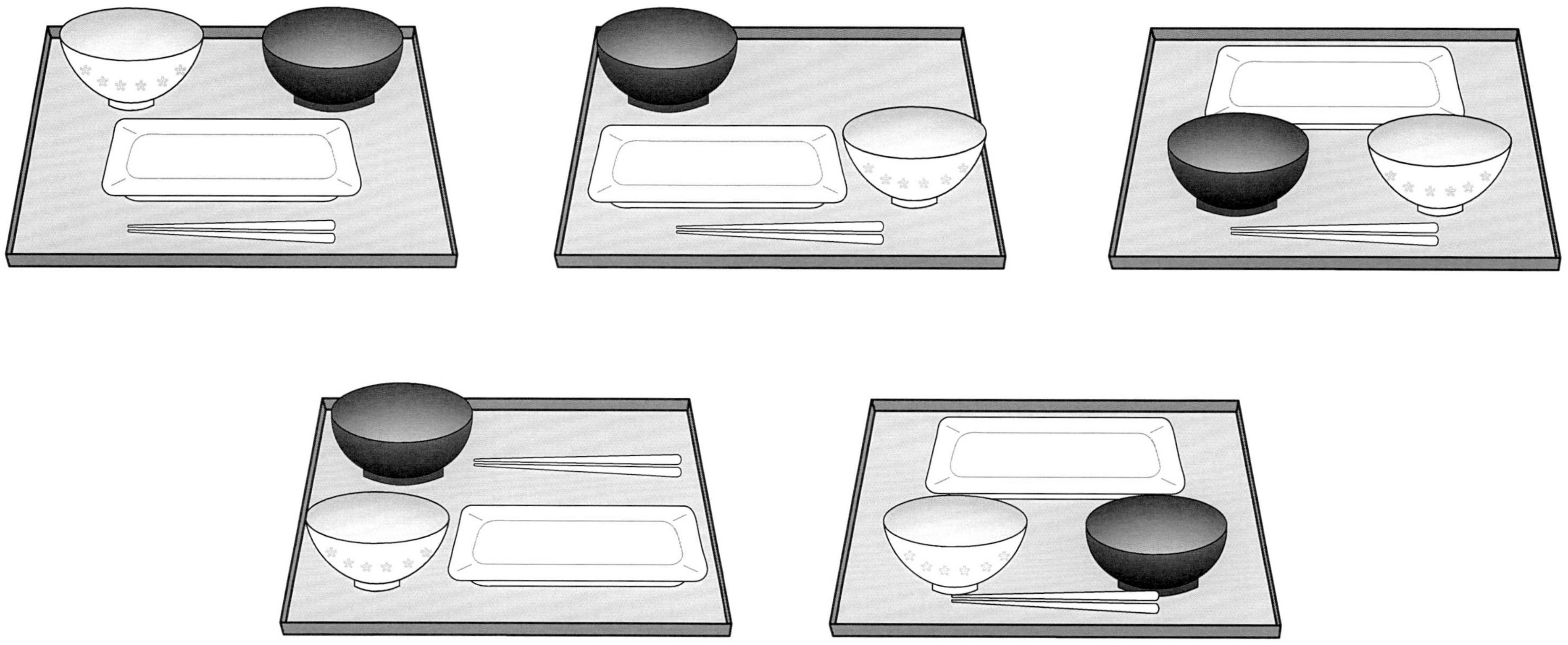

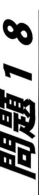

問題１９

問題２０－１

緑の画用紙

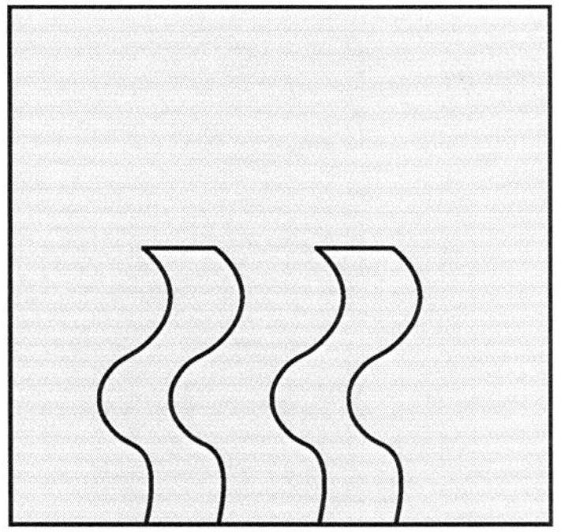

★完成図

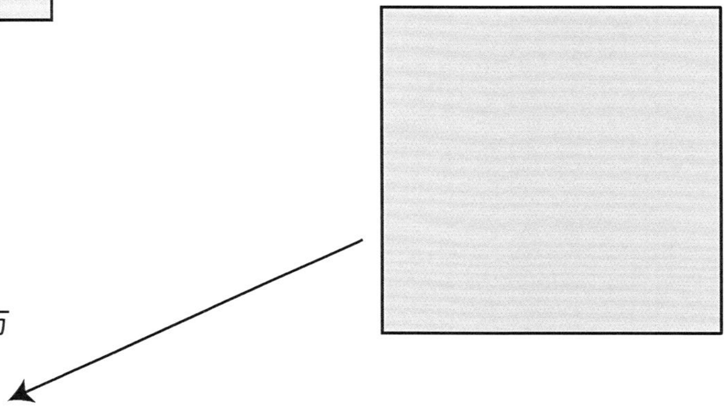

★胸びれと尾びれの作り方

折り紙を４つに折る

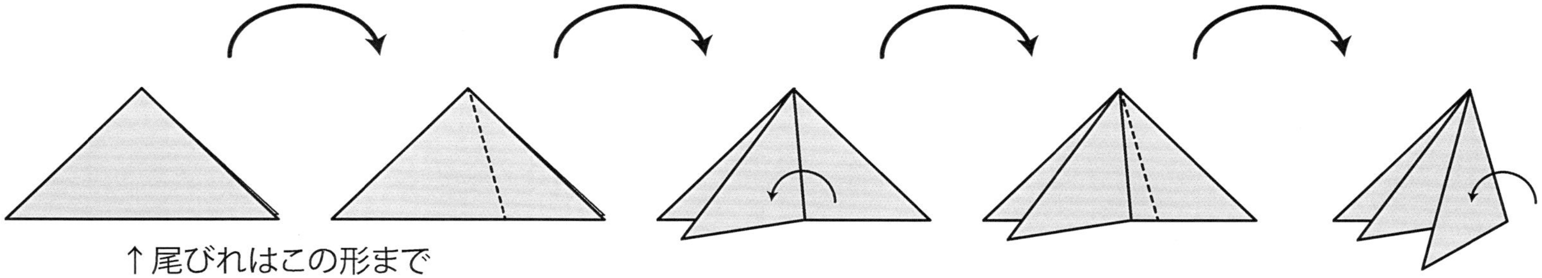

↑尾びれはこの形まで

好きな色

黒

黒

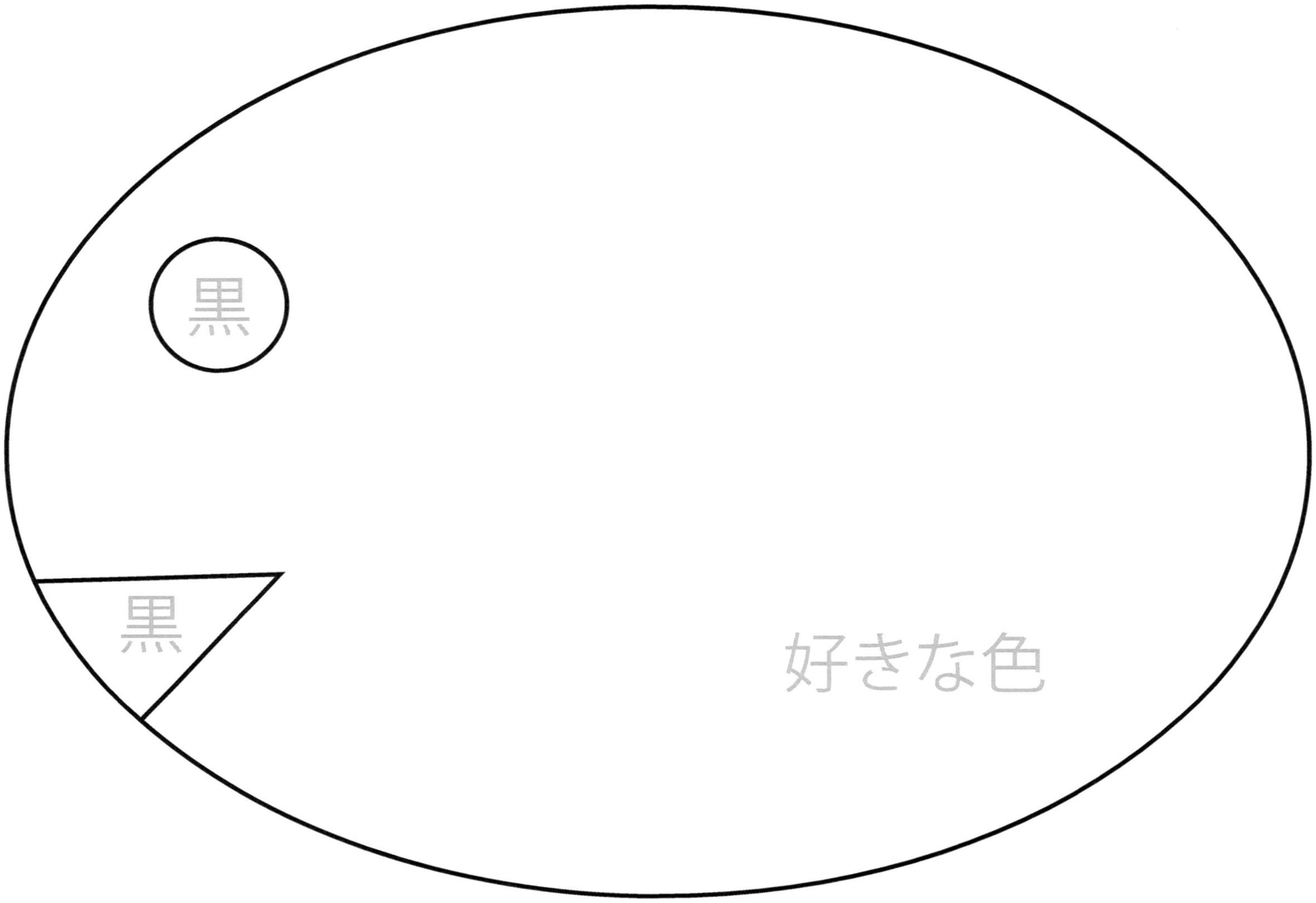

2021年度 附属池田 ステップアップ 無断複製/転載を禁ずる　　日本学習図書株式会社

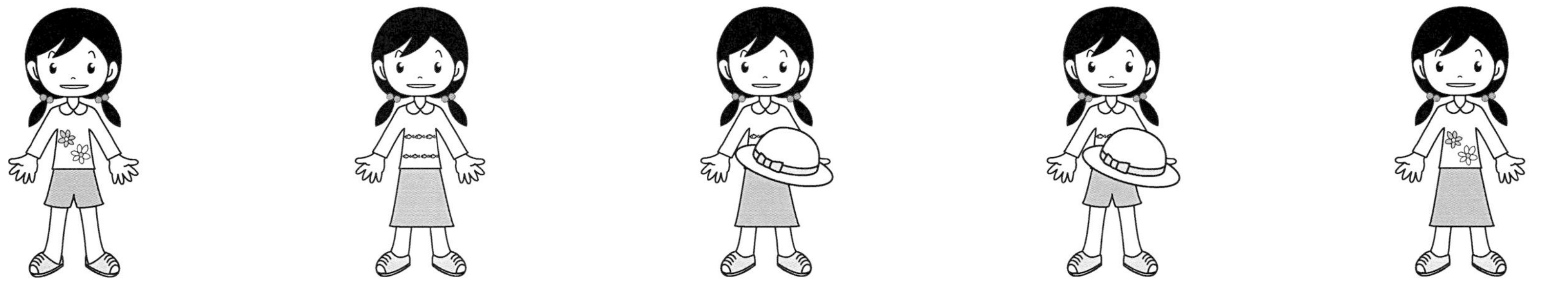

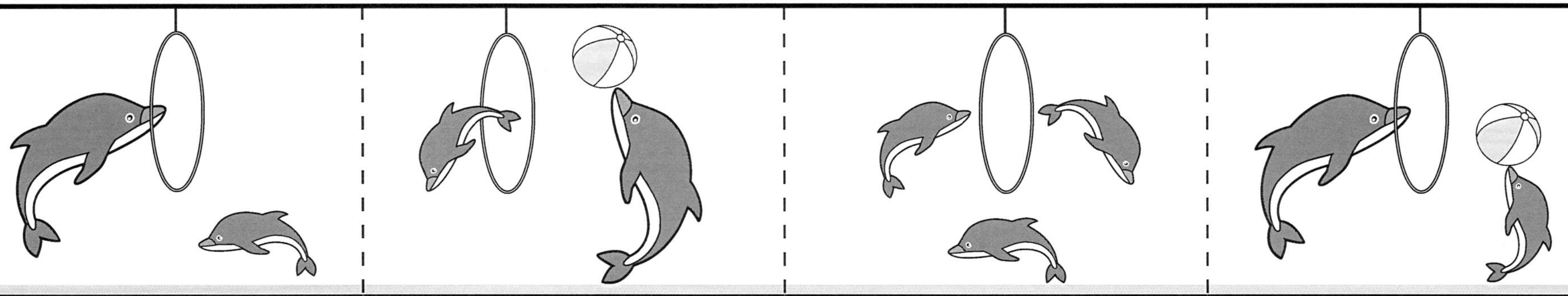

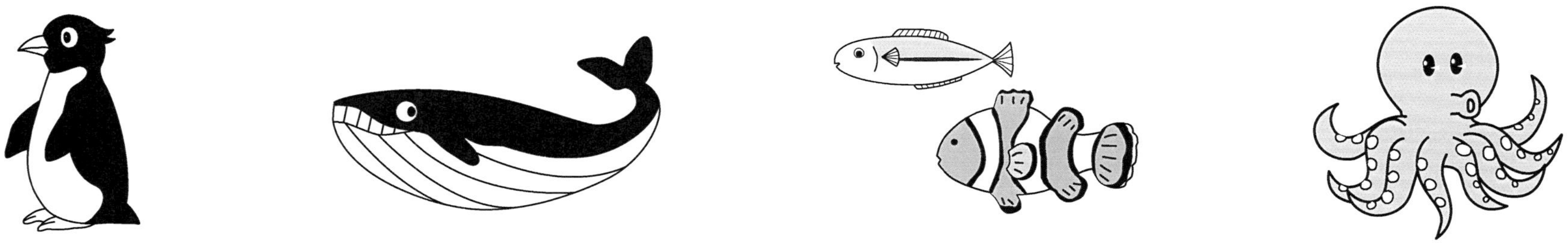

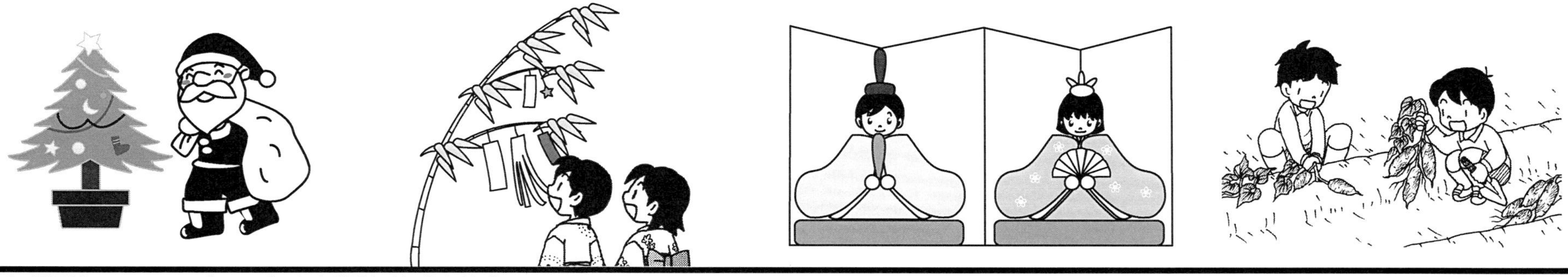

日本学習図書株式会社

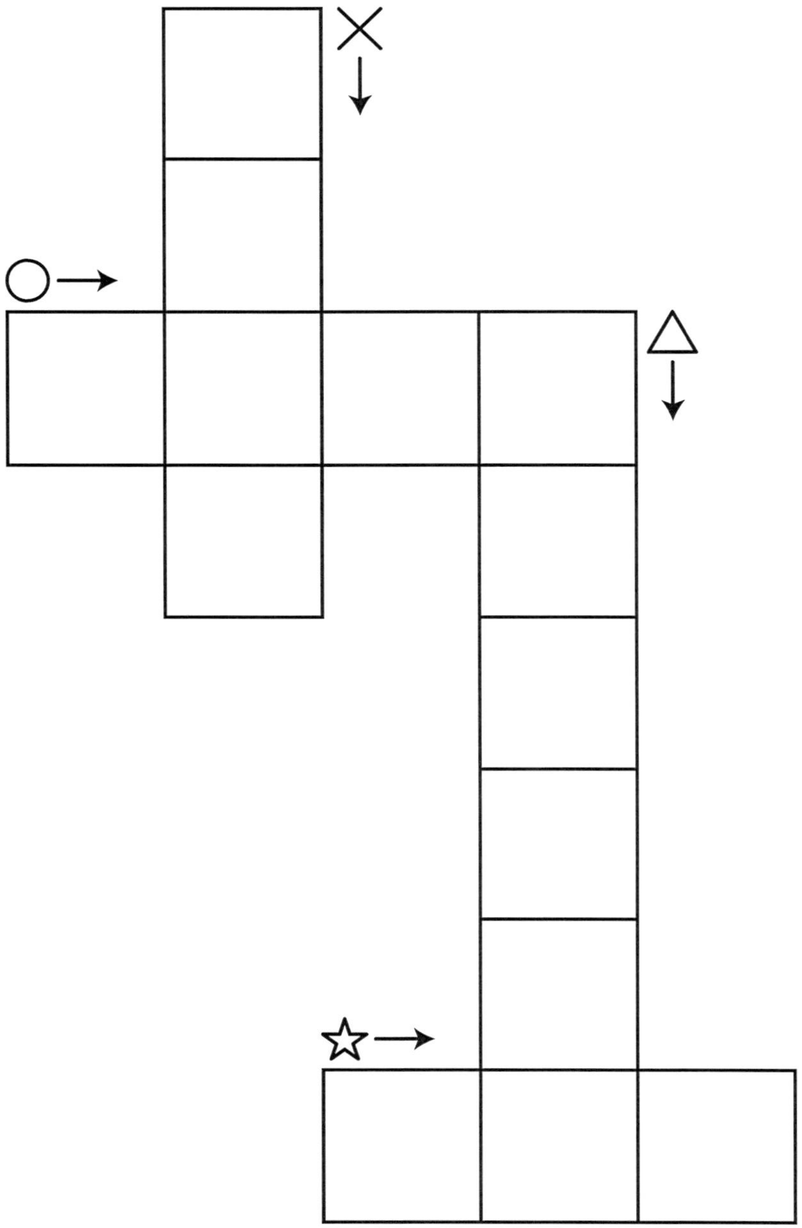

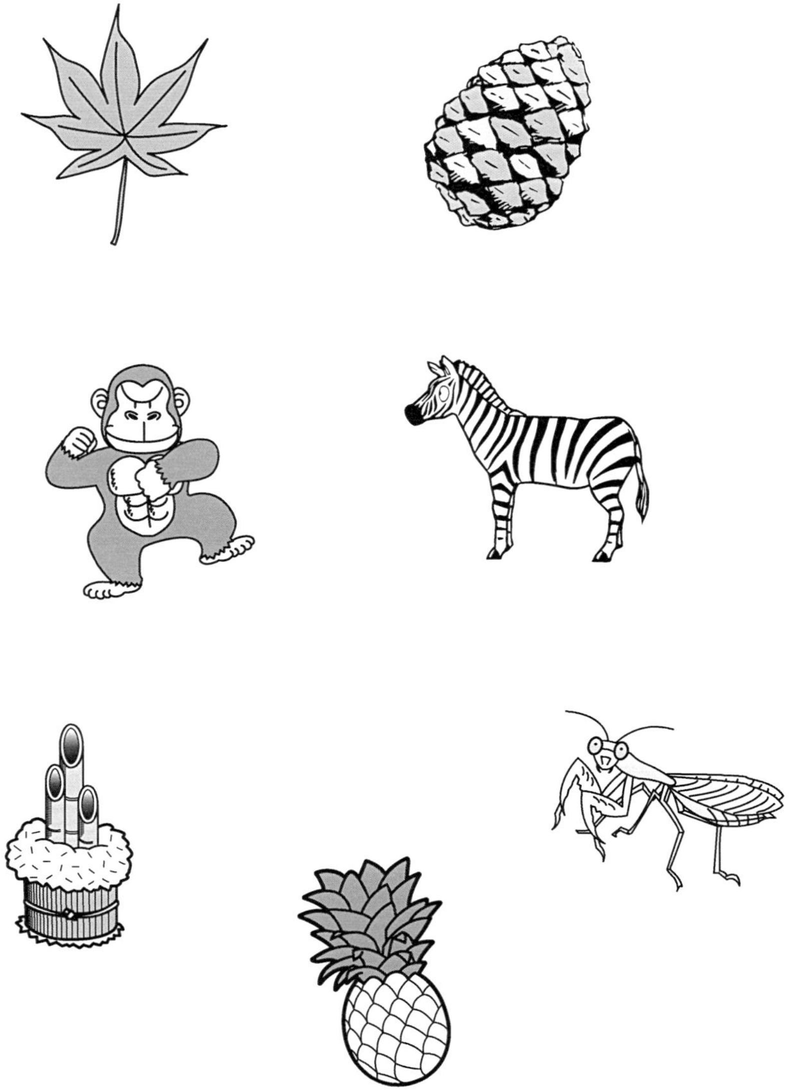

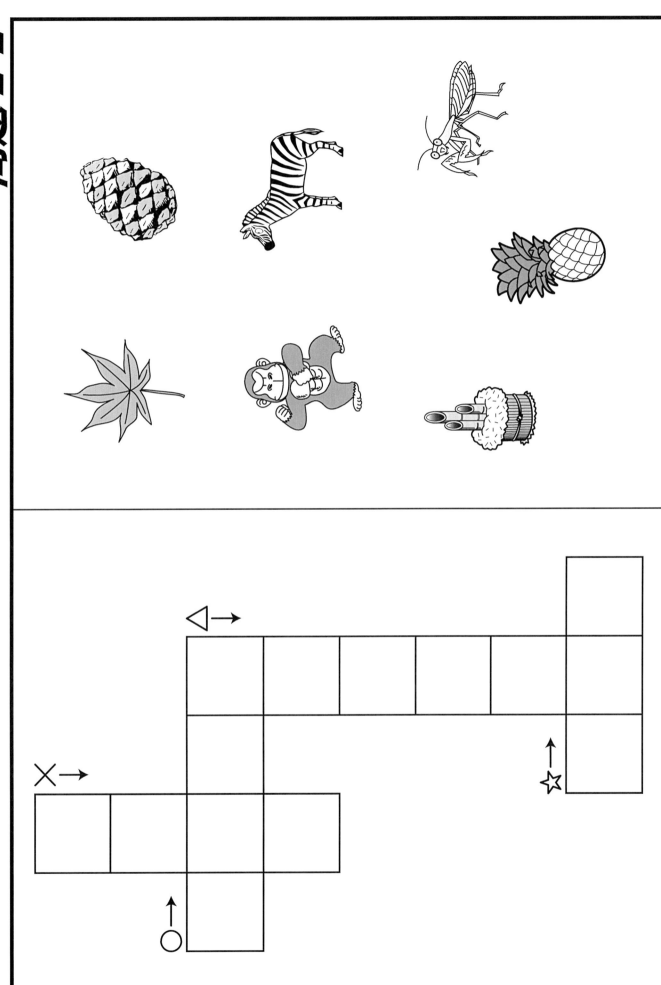

問題２３

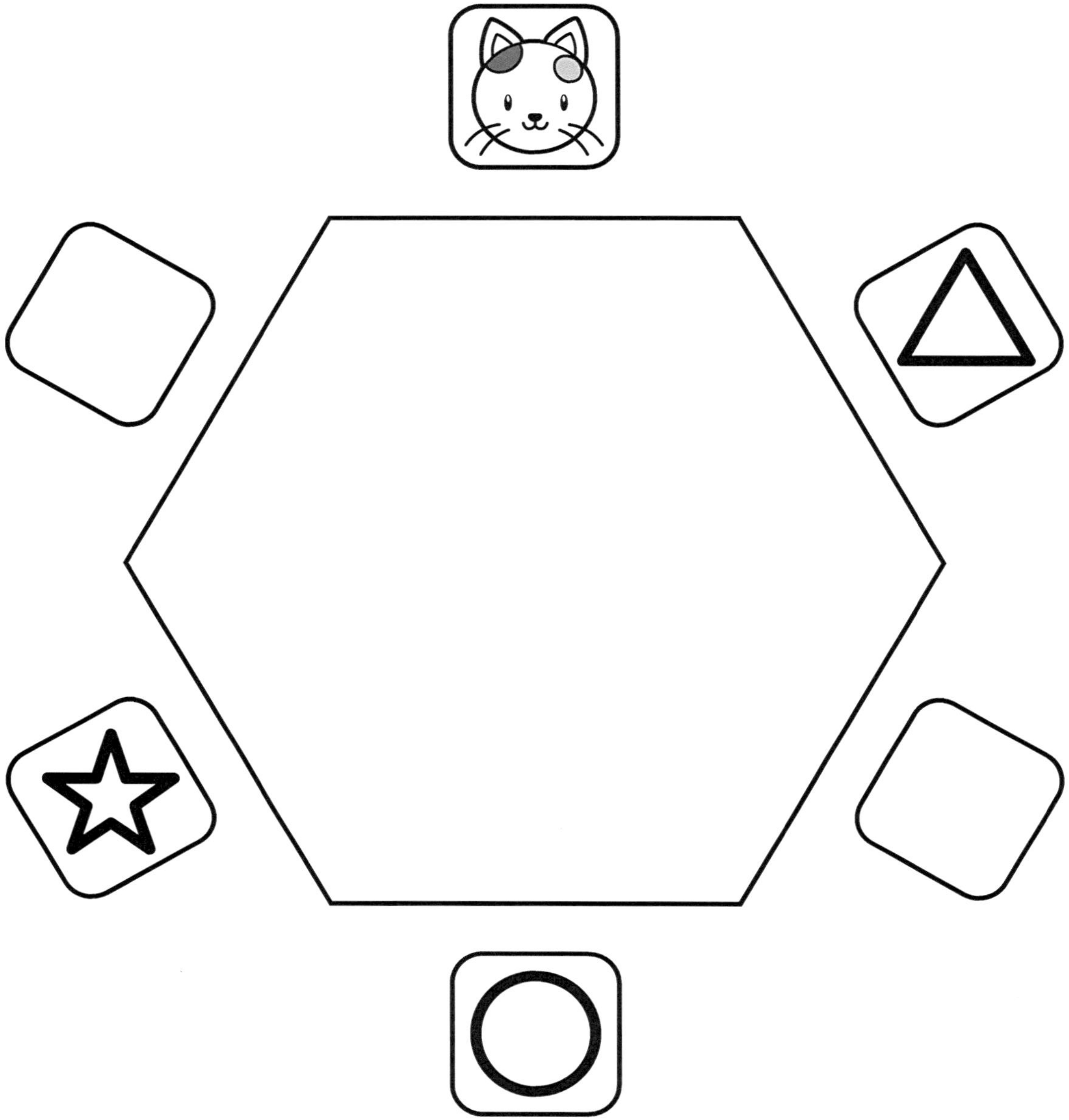

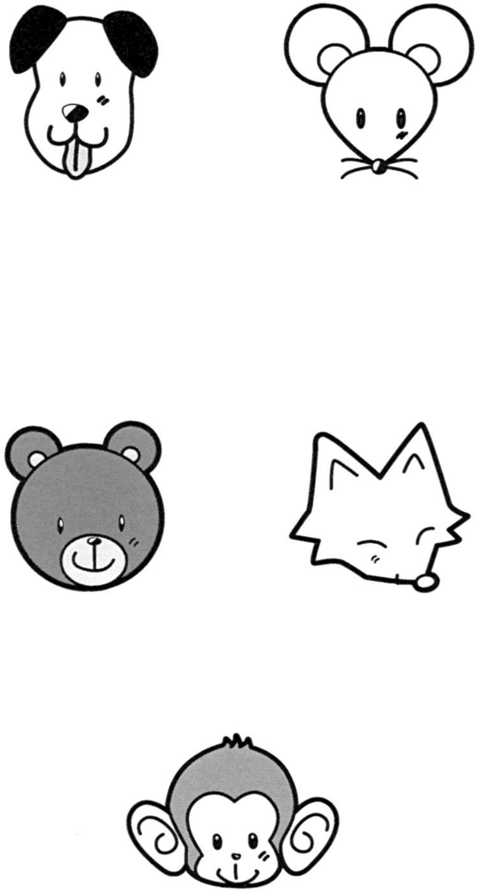

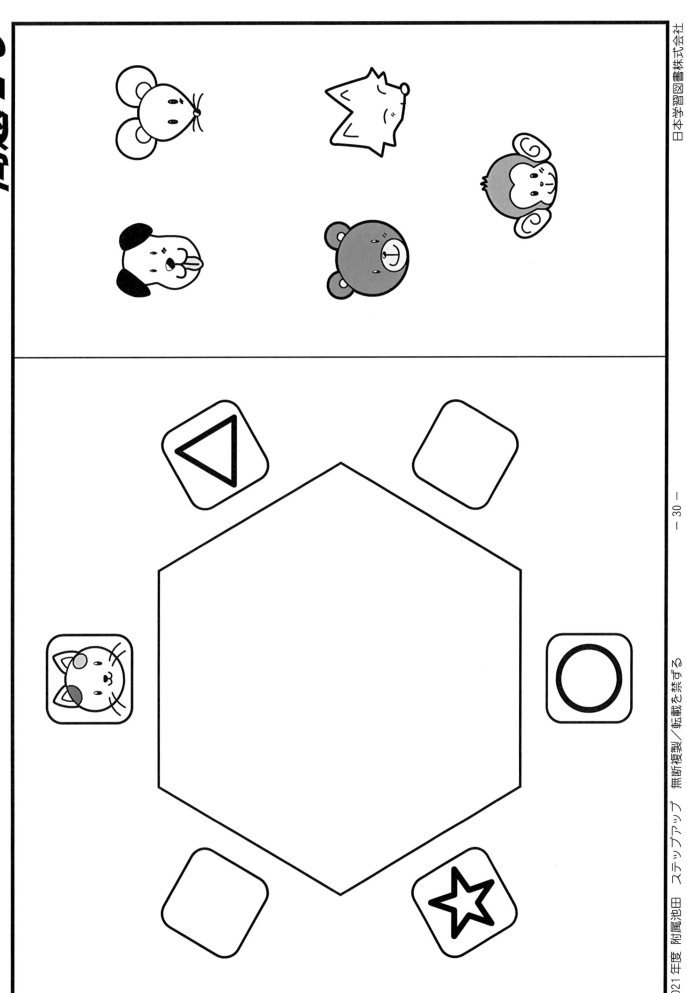

①
②

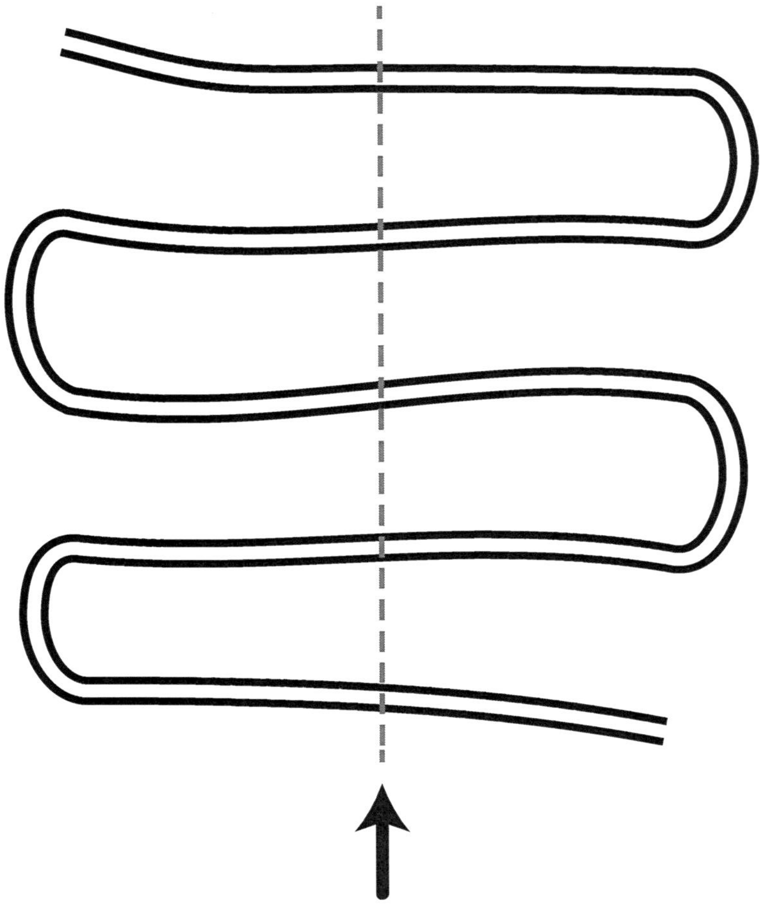

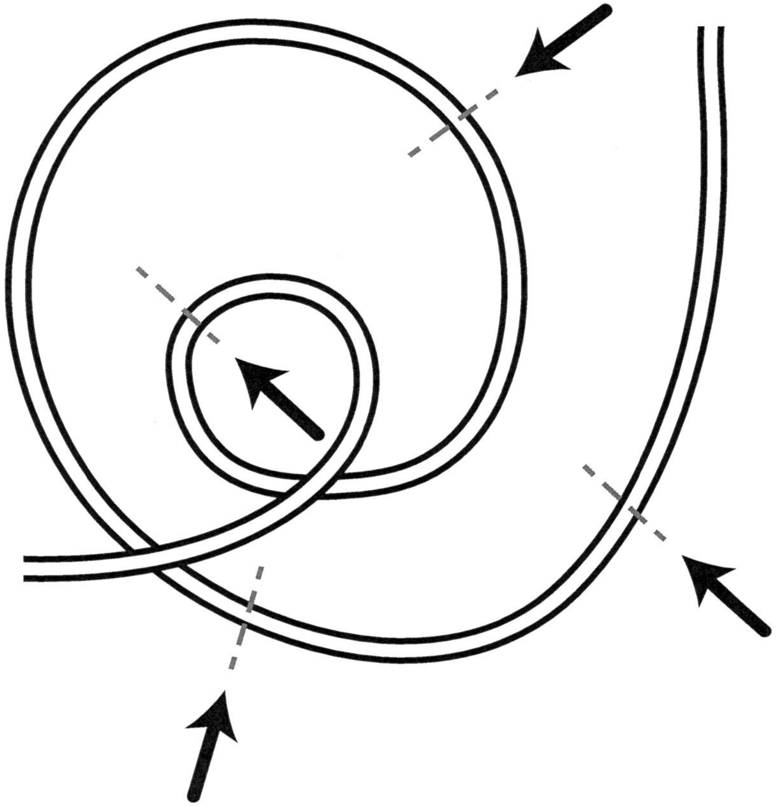

2021年度 附属池田 ステップアップ　無断複製／転載を禁ずる　　　日本学習図書株式会社

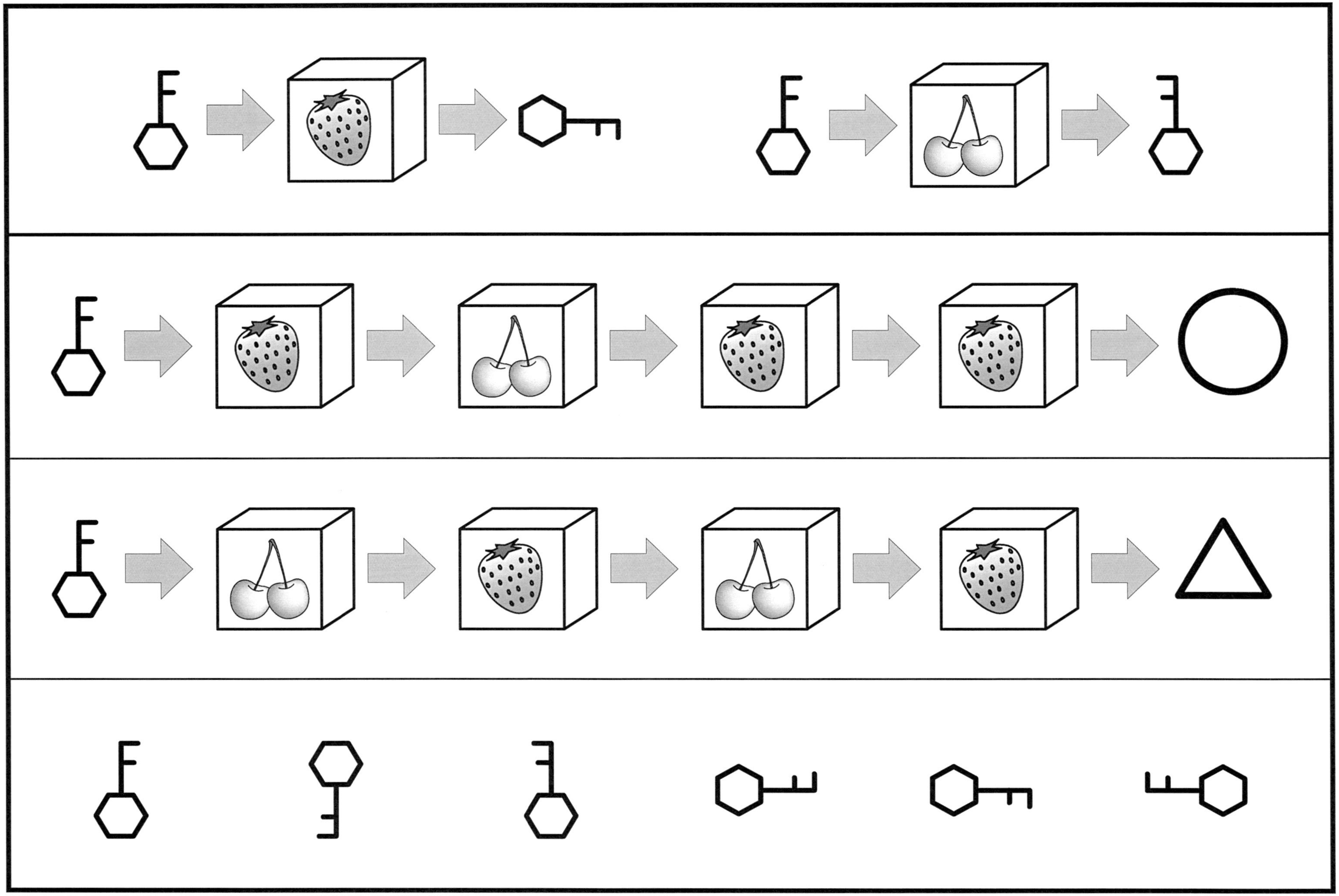

問題２６－１

問題26－2

2021 年度 附属池田 ステップアップ 無断複製／転載を禁ずる　　日本学習図書株式会社

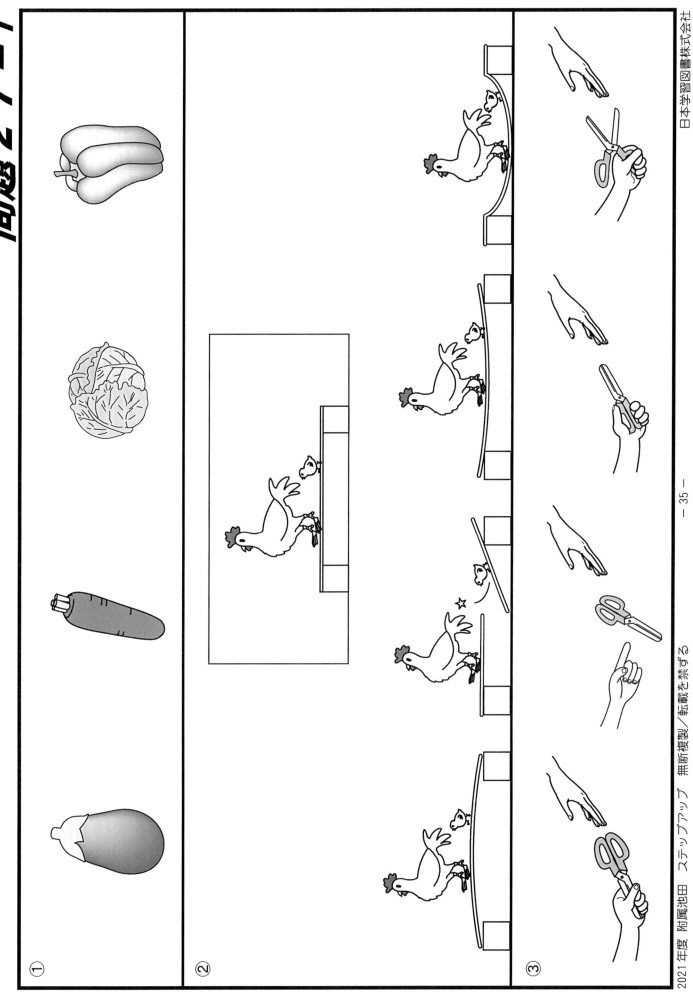

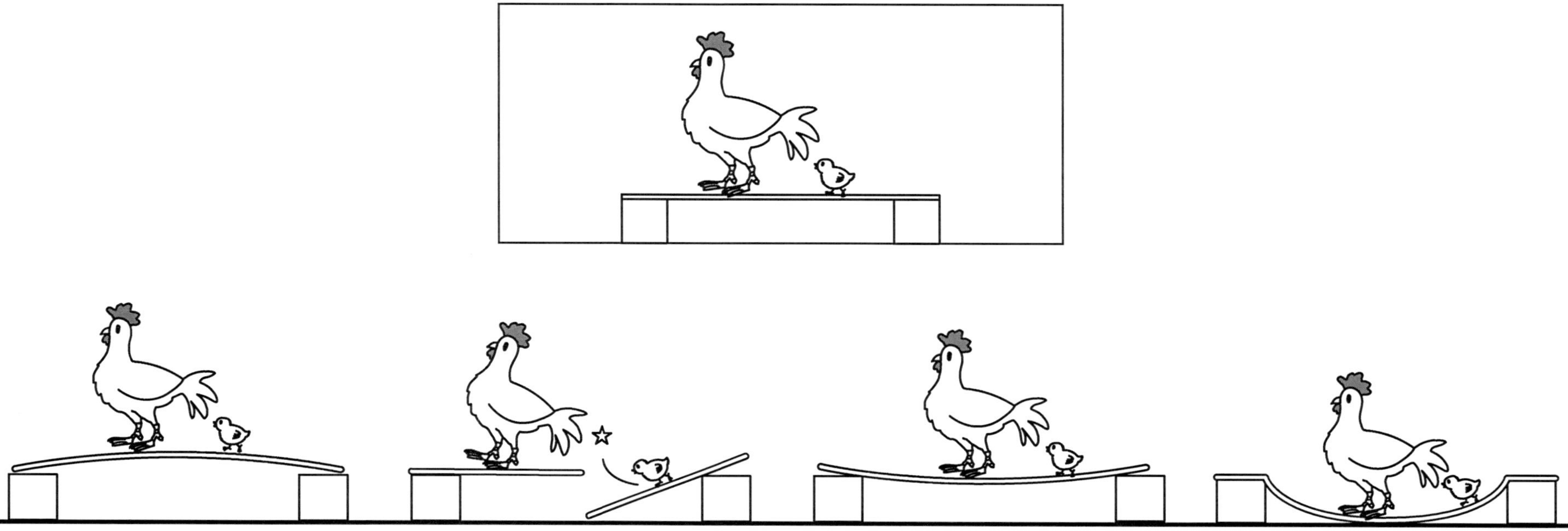

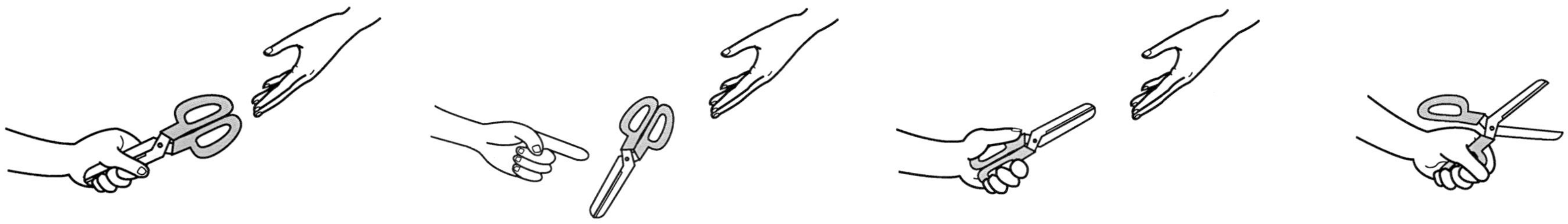

2021 年度 附属池田 ステップアップ 無断複製／転載を禁ずる　日本学習図書株式会社

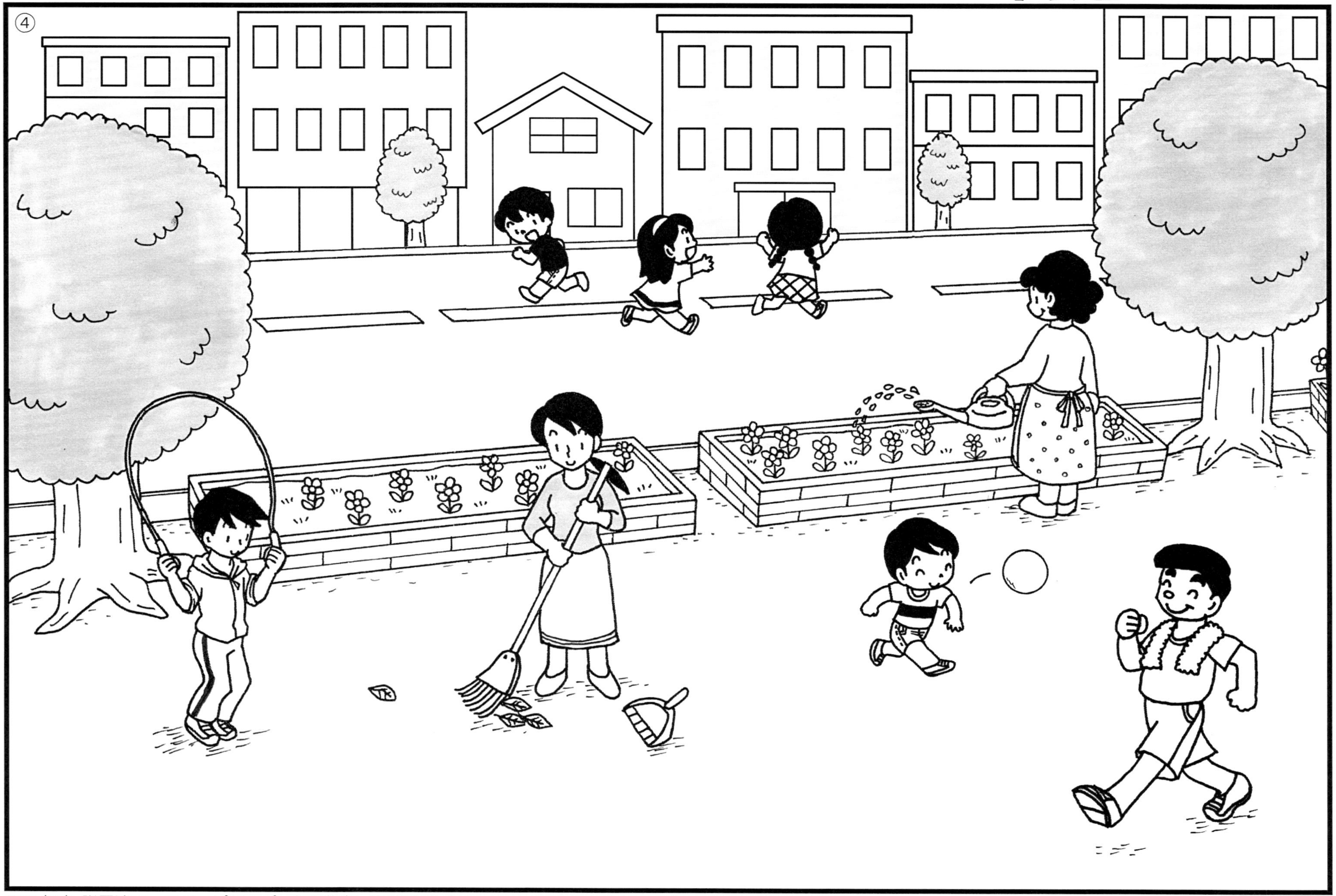

2021年度 附属池田 ステップアップ 無断複製／転載を禁ずる　日本学習図書株式会社

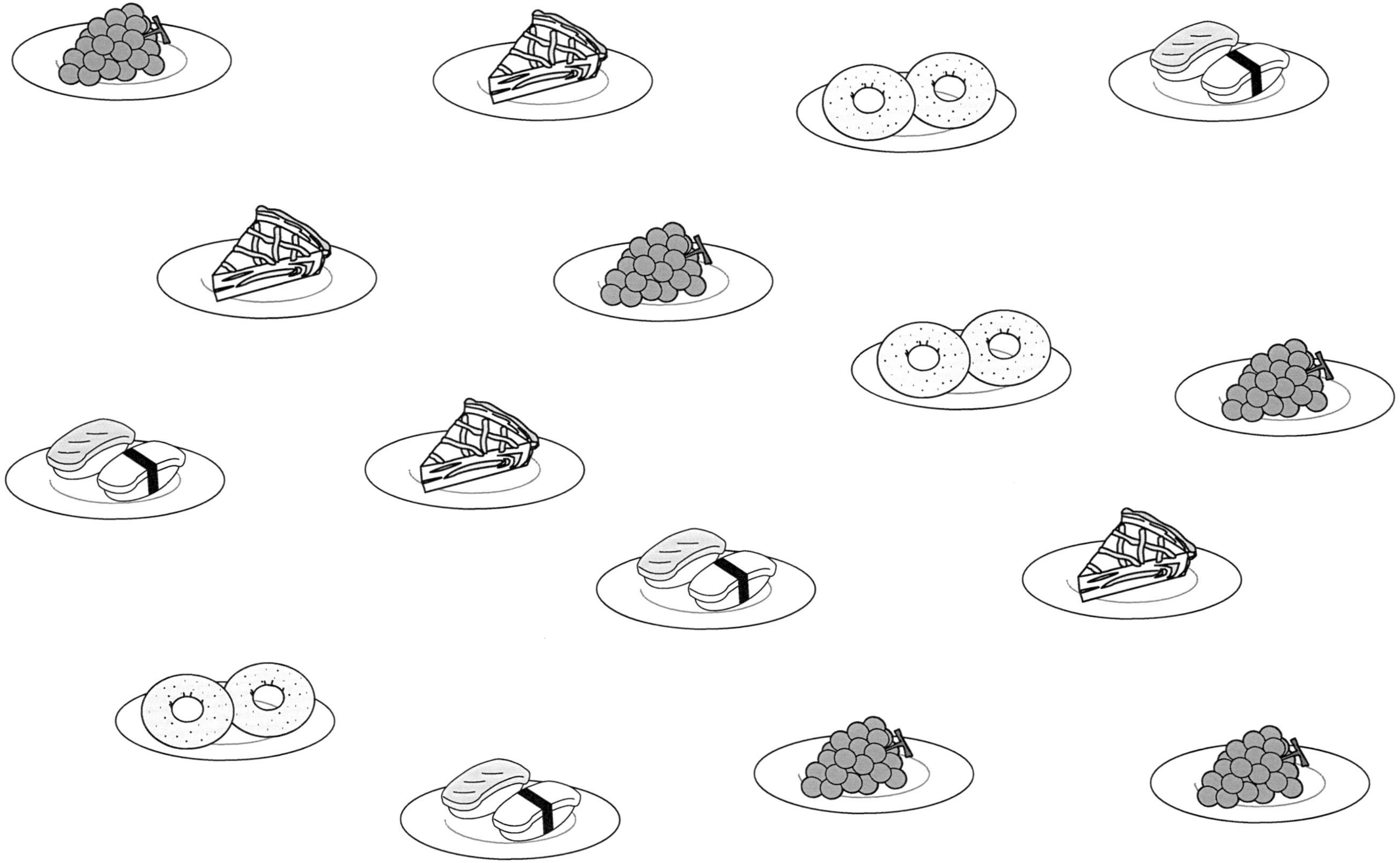

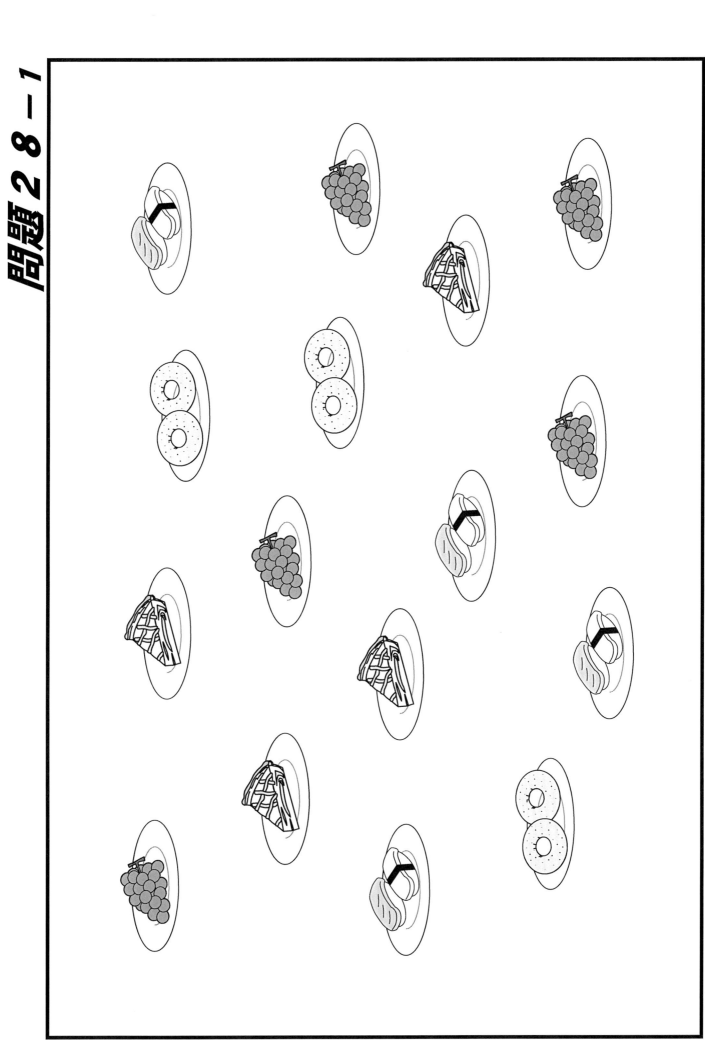

①

②

問題２９

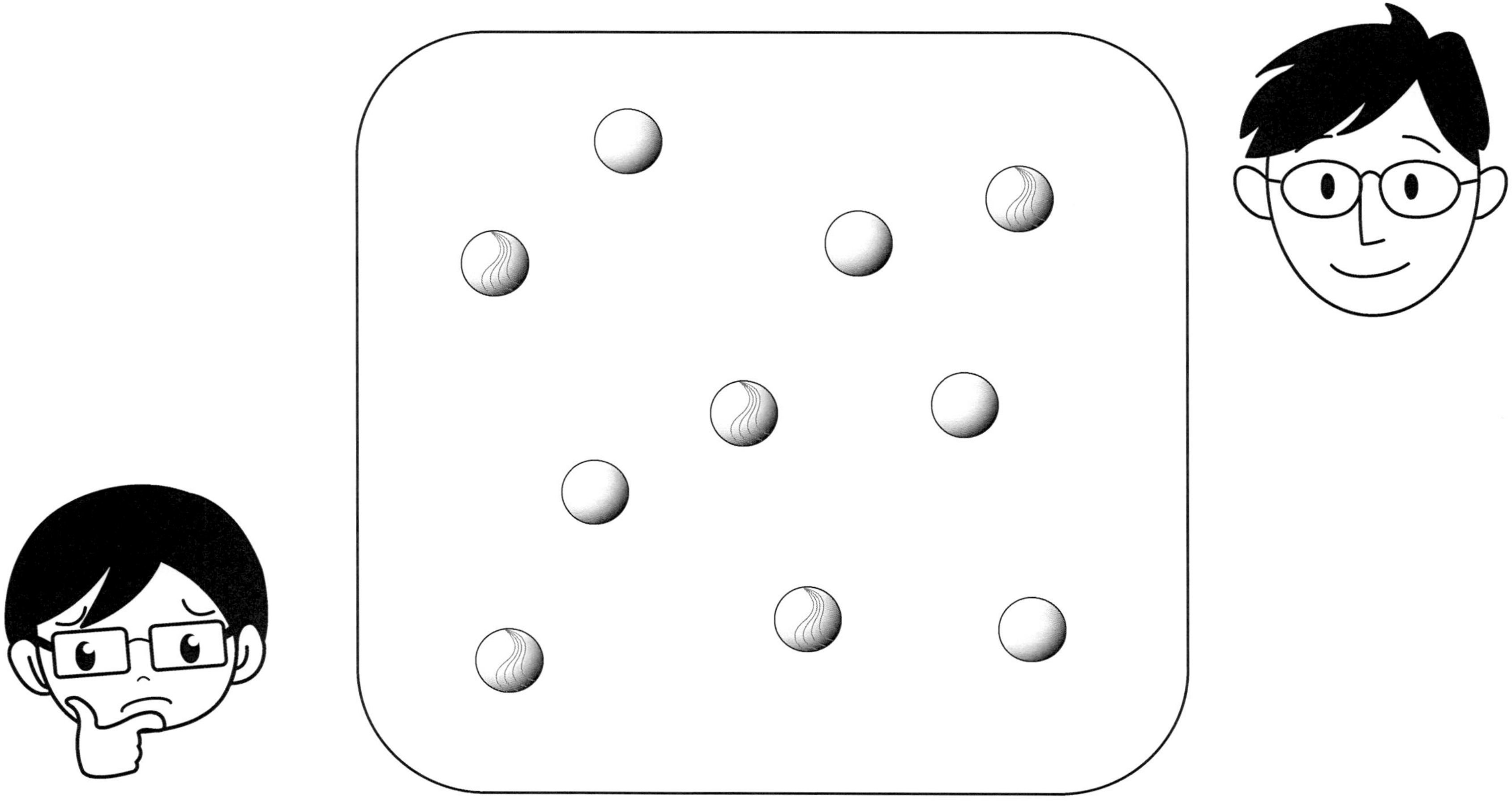

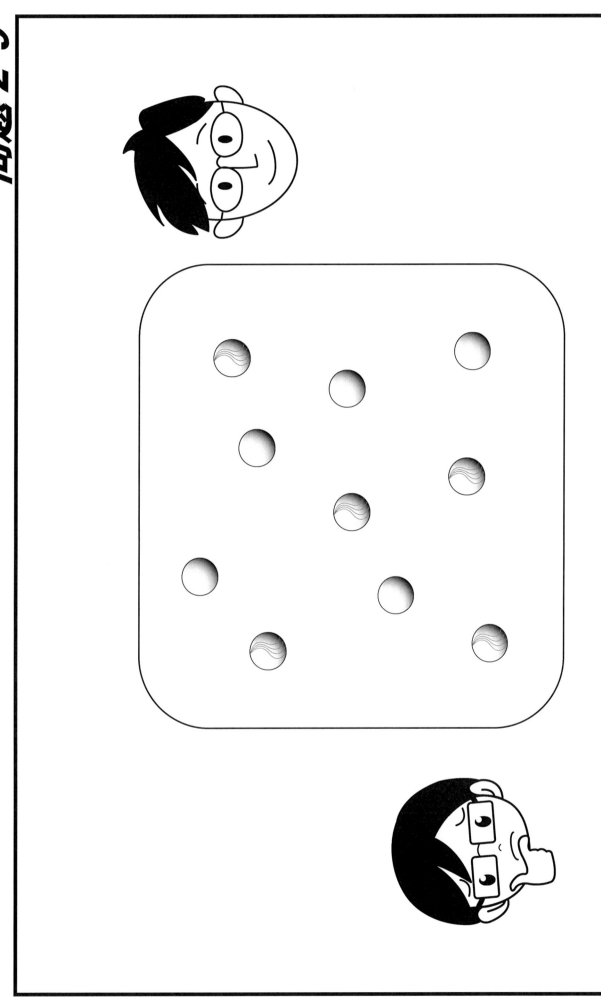

2021年度 附属池田 ステップアップ 無断複製／転載を禁ずる 日本学習図書株式会社

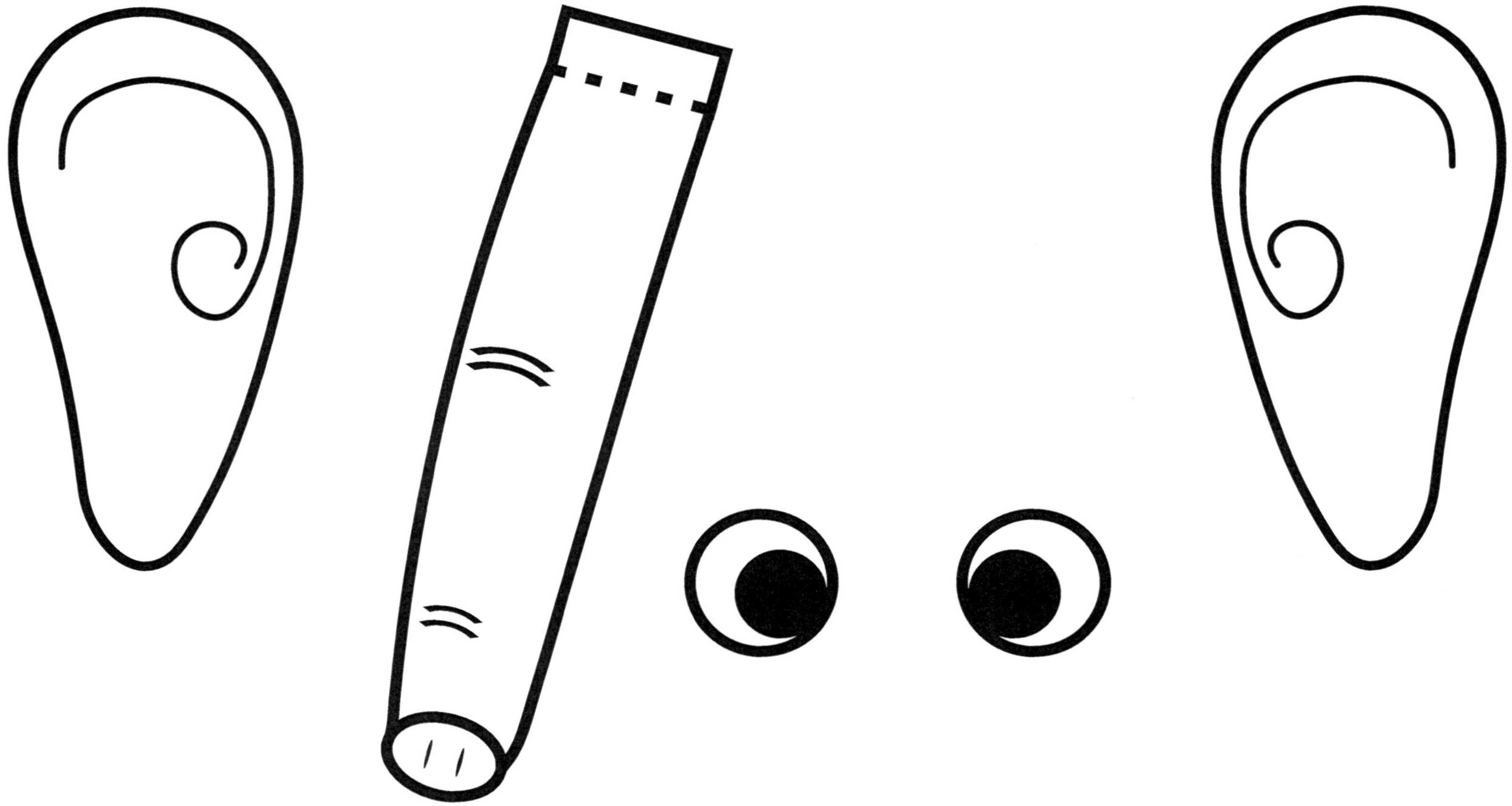

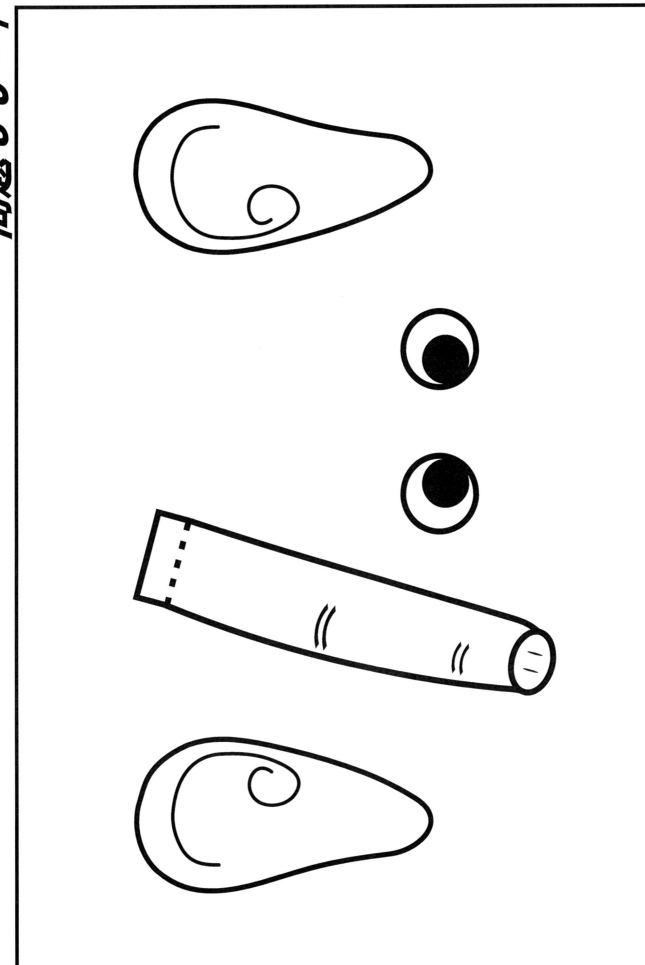

問題３０－２

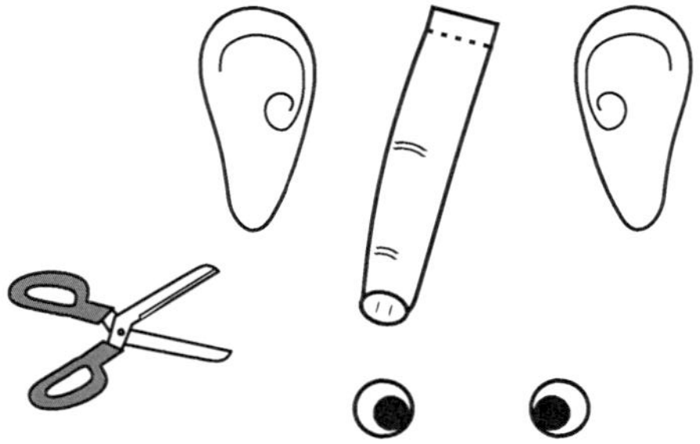

①ハサミで切る

②鼻の部品を曲げ、のりしろを折る。

③鼻、耳、目の部品を紙袋に貼る。

④紙袋の下半分に、口とキバを描く。

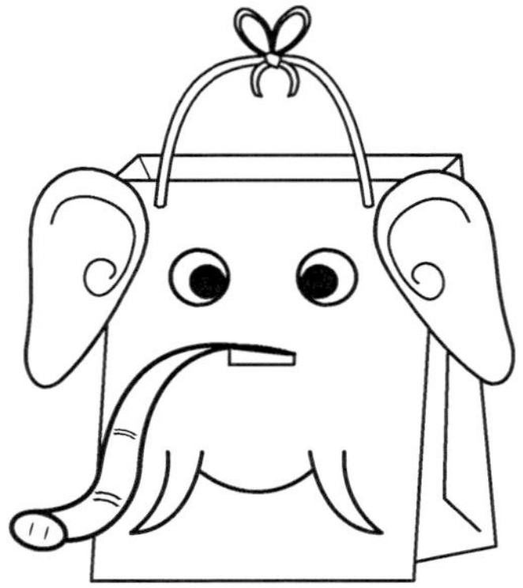

⑤紙袋の上部に穴を開けてひもを通す。
ひもの端を結ぶ（結び方は自由）。

分野別 小学入試練習帳 ジュニアウォッチャー

1. 点・線図形	小学校入試で出題頻度の高い『点・線図形』の模写を、難易度の低いものから段階別に幅広く練習することができるように構成。
2. 座標	図形の位置模写という作業を、難易度の低いものから段階別に練習できるように構成。
3. パズル	様々なパズルの問題を難易度の低いものから段階別に練習できるように構成。
4. 同図形探し	小学校入試で出題頻度の高い、同図形選びの問題を繰り返し練習できるように構成。
5. 回転・展開	図形などを回転、または展開したとき、形がどのように変化するかを学習し、理解を深められるように構成。
6. 系列	数、図形などの様々な系列問題を、難易度の低いものから段階別に練習できるように構成。
7. 迷路	迷路の問題を繰り返し練習できるように構成。
8. 対称	対称に関する問題を４つのテーマに分類し、各テーマごとに問題を段階別に練習できるように構成。
9. 合成	図形の合成に関する問題を、難易度の低いものから段階別に練習できるように構成。
10. 四方からの観察	もの（立体）を様々な角度から見て、どのように見えるかを推理する問題を段階別に整理し、１つの形式で複数の問題を練習できるように構成。
11. いろいろな仲間	ものや動物、植物の共通点を見つけ、分類していく問題を中心に構成。
12. 日常生活	日常生活における様々な問題を６つのテーマに分類し、各テーマごとに一つの問題形式で複数の問題を練習できるように構成。
13. 時間の流れ	『時間』に着目し、様々なものごとは、時間が経過するとどのように変化するのかということを学習し、理解できるように構成。
14. 数える	様々なものを『数える』ことから、数の多少の判定やかけ算、わり算の基礎までを練習できるように構成。
15. 比較	比較に関する問題を５つのテーマ（数、高さ、長さ、量、重さ）に分類し、各テーマごとに問題を段階別に練習できるように構成。
16. 積み木	数える対象を積み木に限定した問題集。
17. 言葉の音遊び	言葉の音に関する問題を５つのテーマに分類し、各テーマごとに問題を段階別に練習できるように構成。
18. いろいろな言葉	表現力をより豊かにするいろいろな言葉として、擬態語や擬声語、同音異義語、反意語、数詞を取り上げた問題集。
19. お話の記憶	お話を聴いてその内容を記憶、理解し、設問に答える形式の問題集。
20. 見る記憶・聴く記憶	「見て憶える」「聴いて憶える」という『記憶』分野に特化した問題集。
21. お話作り	いくつかの絵を元にしてお話を作る練習をして、想像力を養うことができるように構成。
22. 想像画	描かれてある形や景色に好きな絵を描くことにより、想像力を養うことができるように構成。
23. 切る・貼る・塗る	小学校入試で出題頻度の高い、はさみやのりなどを用いた巧緻性の問題を繰り返し練習できるように構成。
24・絵画	小学校入試で出題頻度の高い、お絵かきやぬり絵などクレヨンやクーピーペンを用いた巧緻性の問題を繰り返し練習できるように構成。
25. 生活巧緻性	小学校入試で出題頻度の高い日常生活の様々な場面における巧緻性の問題集。
26. 文字・数字	ひらがなの清音、濁音、拗音、拗長音、促音と１～20までの数字に焦点を絞り、練習できるように構成。
27. 理科	小学校入試で出題頻度が高くなりつつある理科の問題を集めた問題集。
28. 運動	出題頻度の高い運動問題を種目別に分けて構成。
29. 行動観察	項目ごとに問題提起をし、「このような時はどうか、あるいはどう対処するのか」の観点から問いかける形式の問題集。
30. 生活習慣	学校から家庭に提起された問題と思って、一問一問絵を見ながら話し合い、考える形式の問題集。

31. 推理思考	数、量、言語、常識（含理科、一般）など、諸々のジャンルから問題を構成し、近年の小学校入試問題傾向に沿って構成。
32. ブラックボックス	箱や筒の中を通ると、どのようなお約束でどのように変化するかを推理・思考する問題集。
33. シーソー	重さの違うものをシーソーに乗せた時どちらに傾くのか、またどうすればシーソーは釣り合うのかを思考する基礎的な問題集。
34. 季節	様々な行事や植物などを季節別に分類できるように知識をつける問題集。
35. 重ね図形	小学校入試で頻繁に出題されている「図形を重ね合わせてできる形」についての問題を集めました。
36. 同数発見	様々な物を数え「同じ数」を発見し、数の多少の判断や数の認識の基礎を学べるように構成した問題集。
37. 選んで数える	数の学習の基本となる、いろいろなものの数を正しく数える学習を行う問題集。
38. たし算・ひき算１	数字を使わず、たし算とひき算の基礎を身につけるための問題集。
39. たし算・ひき算２	数字を使わず、たし算とひき算の基礎を身につけるための問題集。
40. 数を分ける	数を等しく分ける問題です。等しく分けたときに余りが出るものもあります。
41. 数の構成	ある数がどのような数で構成されているか学んでいきます。
42. 一対多の対応	一対一の対応から、一対多の対応まで、かけ算の考え方の基礎学習を行います。
43. 数のやりとり	あげたり、もらったり、数の変化をしっかりと学びます。
44. 見えない数	指定された条件から数を導き出します。
45. 図形分割	図形の分割に関する問題集。パズルや合成の分野にも通じる様々な問題を集めました。
46. 回転図形	「回転図形」に関する問題集。やさしい問題から始め、いくつかの代表的なパターンから、段階を踏んで学習できるよう編集されています。
47. 座標の移動	「マス目の指示通りに移動する問題」と「指示された数だけ移動する問題」を収録。
48. 鏡図形	鏡で左右反転させた時の見え方を考えます。平面図形から立体図形、文字、絵まで。
49. しりとり	すべての学習の基礎となる「言葉」を学ぶこと、特に「語彙」を増やすことに重点をおき、さまざまなタイプの「しりとり」問題を集めました。
50. 観覧車	観覧車やメリーゴーラウンドなどを舞台にした「回転系列」の問題集。「推理思考」分野の問題ですが、要素として「図形」や「数量」も含みます。
51. 運筆①	鉛筆の持ち方を学び、点線なぞり、お手本を見ながらの模写で、線を引く練習をします。
52. 運筆②	運筆①からさらに発展し、「欠所補完」や「迷路」などを楽しみながら、より複雑な鉛筆運びを習得することを目指します。
53. 四方からの観察 積み木編	積み木を使用した「四方からの観察」に関する問題を練習できるように構成。
54. 図形の構成	見本の図形がどのような部分によって形づくられているかを考えます。
55. 理科②	理科的知識に関する問題を集中して練習する「常識」分野の問題集。
56. マナーとルール	道路や駅、公共の場でのマナー、安全や衛生に関する常識を学べるように構成。
57. 置き換え	さまざまな具体的・抽象的事象を記号で表す「置き換え」の問題を扱います。
58. 比較②	長さ・高さ・体積・数などを数学的な知識を使わず、論理的に推測する「比較」の問題を練習できるように構成。
59. 欠所補完	線と線のつながり、欠けた絵に当てはまるものなどを求める「欠所補完」に取り組める問題集です。
60. 言葉の音（おん）	しりとり、決まった順番の音をつなげるなど、「言葉の音」に関する問題に取り組める練習問題集です。

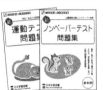

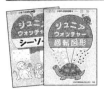

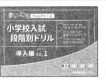

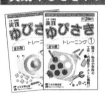

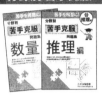

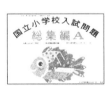

図書カード1000円分プレゼント

ご記入日　　年　月　日

☆国・私立小学校受験アンケート☆

※可能な範囲でご記入下さい。選択肢は○で囲んで下さい。

〈小学校名〉＿＿＿＿＿＿＿＿　〈お子さまの性別〉男・女　〈誕生月〉＿＿月

〈その他の受験校〉（複数回答可）＿＿＿＿＿＿＿＿＿＿

〈受験日〉①：＿月＿日〈時間〉＿時＿分～＿時＿分

②：＿月＿日〈時間〉＿時＿分～＿時＿分

〈受験者数〉男女計＿名（男子＿名　女子＿名）

〈お子さまの服装〉＿＿＿＿＿＿＿＿

〈入試全体の流れ〉（記入例）準備体操→行動観察→ペーパーテスト

＿＿＿＿＿＿＿＿＿＿

Eメールによる情報提供

日本学習図書では、Eメールでも入試情報を募集しております。

下記のアドレスに、アンケートの内容をご入力の上、メールをお送り下さい。

ojuken@nichigaku.jp

●行動観察　（例）好きなおもちゃで遊ぶ・グループで協力するゲームなど

〈実施日〉＿月＿日〈時間〉＿時＿分～＿時＿分　〈着替え〉□有　□無

〈出題方法〉□肉声　□録音　□その他（　　　　）　〈お手本〉□有　□無

〈試験形態〉□個別　□集団（　　人程度）　〈会場図〉

〈内容〉

□自由遊び

＿＿＿＿＿＿＿＿

□グループ活動

＿＿＿＿＿＿＿＿

□その他

＿＿＿＿＿＿＿＿

●運動テスト（有・無）　（例）跳び箱・チームでの競争など

〈実施日〉＿月＿日〈時間〉＿時＿分～＿時＿分　〈着替え〉□有　□無

〈出題方法〉□肉声　□録音　□その他（　　　　）　〈お手本〉□有　□無

〈試験形態〉□個別　□集団（　　人程度）　〈会場図〉

〈内容〉

□サーキット運動

□走り　□跳び箱　□平均台　□ゴム跳び

□マット運動　□ボール運動　□なわ跳び

□クマ歩き

□グループ活動＿＿＿＿＿＿＿＿

□その他＿＿＿＿＿＿＿＿

●知能テスト・口頭試問

〈実施日〉＿＿月＿＿日〈時間〉＿＿時＿＿分 ～ ＿＿時＿＿分〈お手本〉□有 □無

〈出題方法〉□肉声 □録音 □その他（　　　　　）〈問題数〉＿＿枚＿＿問

分野	方法	内容	詳細・イラスト
（例） お話の記憶	☑筆記 □口頭	動物たちが待ち合わせをする話	（あらすじ） 動物たちが待ち合わせをした。最初にウサギさんが来た。次にイヌくんが、その次にネコさんが来た。最後にタヌキくんが来た。 （問題・イラスト） 3番目に来た動物は誰か 
お話の記憶	□筆記 □口頭		（あらすじ） （問題・イラスト）
図形	□筆記 □口頭		
言語	□筆記 □口頭		
常識	□筆記 □口頭		
数量	□筆記 □口頭		
推理	□筆記 □口頭		
その他	□筆記 □口頭		